Alles in mir hast du aufgewühlt

Die Deutsche Nationalbibliothek – CIP-Einheitsaufnahme.
Die Deutsche Nationalbibliothek verzeichnet dieses Buch
in der Deutschen Nationalbibliografie;
detaillierte bibliografische Daten sind im Internet über
http://dnb.d-nb.de abrufbar.

Erste Auflage 2015
© Größenwahn Verlag Frankfurt am Main, 2015
www.groessenwahn-verlag.de
Alle Rechte vorbehalten.
ISBN: 978-3-95771-037-6
eISBN: 978-3-95771-038-3

Marion Schneider

Alles in mir hast du aufgewühlt

Eine Sinfonie in 3 Sätzen

IMPRESSUM

Alles in mir hast du aufgewühlt

Reihe: 21

Autorin
Marion Schneider

Seitengestaltung
Größenwahn Verlag Frankfurt am Main

Schriften
Constantia und *Lucida Calligraphy*

Covergestaltung
Marti O´Sigma

Lektorat
Edit Engelmann

Druck und Bindung
Print Group Sp.z.o.o. Szczecin (Stettin)

Größenwahn Verlag Frankfurt am Main
März 2015

ISBN: 978-3-95771-037-6
eISBN: 978-3-95771-038-3

I. SATZ – SONJA

1.1. Sonja

Ich heiße Sonja, Sonja Ziemann geborene Lutz. Meinen Mädchennamen verlor ich durch Heirat. Das hat mir nichts ausgemacht. Ich war stolz, seinen Namen zu tragen.

Unzweifelhaft wurde ich durch die Hochzeit zur Frau. Das Fräulein war Vergangenheit, meine Stellung sichtbar verändert. Ich war endlich vollständig, ernst zu nehmen, eine Frau mit Rückhalt.

Dann bin ich Mutter geworden. Das hat mich sehr glücklich gemacht. Der kleine Ruben ist ein so dankbares Kind. Seinetwegen und für ihn habe ich gerne auf vieles verzichtet.

Es fiel mir gar nicht so leicht, meine Arbeit aufzugeben. Sie hat mir Spaß gemacht. Ich war geschätzt und erfolgreich. Drei Jahre lang bleibt mir die Stelle erhalten. Die Zeit ist bald um. Ich muss mich entscheiden, ob ich zurückkehren möchte.

Ich hätte so gerne ein zweites Kind. Aber Max spielt nicht mit. Es ist nicht so, dass er nie mehr Kinder möchte - aber vorerst nicht, sagt er.

Max ist ein guter Vater. Stundenlang spielt er mit Ruben. Er hängt sehr an ihm, manchmal ein wenig zu sehr, um ehrlich zu sein. Ich empfinde dann so etwas wie Eifersucht, fühle mich ausgeschlossen. Vielleicht kommt es daher, dass ich nicht sehr verspielt bin. Während die beiden Häuser bauen, lege ich mich ein paar Minuten hin. Oder erledige Dinge, zu denen ich während der Zeit mit Ruben nicht komme.

Ich bin froh, dass die beiden sich gut verstehen. So ein Kind bringt viele Belastungen mit sich, physisch wie psychisch. Es ist gut, sie gemeinsam zu tragen. Ruben ist unser Kind. Wir haben ihn beide gewollt und unser Leben entsprechend eingerichtet. Wir haben jetzt weniger Geld als vorher. Max versucht, die Lücke durch Mehrarbeit auszugleichen. Wir bleiben viel mehr zu Hause. Unser Freundeskreis hat sich verändert. Automatisch sind wir durch Ruben jetzt eher mit Leuten zusammen, die Kinder in seinem Alter haben - ähnliche Fragen, Probleme verbinden. Mit Zufriedenheit kann ich sagen, dass ich versuche, es dem Kind an nichts fehlen zu lassen. Seit einigen Tagen besucht er die musikalische Früherziehung, je einmal pro Woche Kindergruppe und Schwimmkurs; vielfach sehen wir Freunde und Verwandte. Für den Kindergarten habe ich ihn auch angemeldet.

Gestern rief mich mein Chef an und fragte, wann ich wieder arbeiten wolle. Ich habe ihm noch keine verbindliche Antwort gegeben. Er geht davon aus, dass ich zurückkehren werde. Ja oder nein? Ganz- oder halbtags? Ich muss mich entscheiden.

1.2. Max

Das Rotlicht an der Ampel macht mich nervös. Ein Blick auf die Uhr. Es ist noch früh. Kein Grund zur Eile.

Die Entscheidung war richtig. Es macht einfach Spaß, diesen Wagen zu fahren. Er sieht gut aus, die PS-Leistung hält, was sie verspricht, die Innenausstattung ist komfortabel, und auch der Preis, den ich dafür zahlte, lag deutlich unter dem Marktpreis. Man muss nur lange genug warten können.

Ich fahre zu schnell. Den ganzen Tag über habe ich mich auf diese Stunde gefreut. Jetzt bin ich ungeduldig.

Abendrot. Diese Stadt ist schön, besonders im Sommer. Ihre Farben stimmen aktiv, ihre Häuser sprechen an, ihr Geruch wühlt mich auf. Lebensart und Kultur dieser Gegend haben mich geprägt. Die Menschen sind mir vertraut. Das hat mich Wurzeln schlagen lassen.

Natürlich hatte sie nichts dagegen, als ich ihr vorschlug, bei ihr vorbeizukommen. Sie hat einen Computer ohne Schreibprogramm; kein Zustand auf Dauer, zumal sie damit arbeiten möchte. Sie hat gelächelt, als sie meinen Vorschlag annahm. Wir machten einen Termin aus. Das war vor einigen Tagen. Seitdem bin ich unruhig.

Vor der ausgemachten Zeit möchte ich nicht bei ihr erscheinen. Ich werde einen kleinen Umweg fahren, wollte mir sowieso einmal das inzwischen fertig gestellte Hochhaus anschauen, das laut Presse eine Revolution im sozialen Wohnungsbau darstellt. Neu ist, dass sich Gemeinschafts- und Serviceeinrichtungen wie Kindergarten mit Kinderhort und Krabbelstube, Sauna, Friseur, Blumenladen und Supermarkt im Gebäude selbst befinden, und zwar auf den verschiedenen Stockwerken, jeweils mit passendem Ambiente wie Pflanzen, Wasserspielen und Sitzgelegenheiten. Ziel soll es sein, die Anonymität zu vermindern und die Wohnqualität zu steigern.

Habe ich Erwartungen an das, was jetzt kommen wird?

Von außen nichts Besonderes, dieser Neubau. Es wurde versucht, die glatte Hochhaus-Architektur optisch zu verschönern. Das ist nicht neu, aber immer noch selten.

In zwei Minuten werde ich bei ihr angekommen sein. Ihr Wohnviertel, ihre Straße, selbst das Haus, in dem sie wohnt, kenne ich genau. Durch die vielen Jahre ist mir fast jeder Winkel der Stadt vertraut.

Sie hat mir vom ersten Augenblick an gefallen. Wann war das eigentlich? Vor mehr als zwei Jahren schon. Ihr Lachen und der ernste Ausdruck ihrer Lippen. Das Leuchten ihrer Augen. Ihre schönen, schlanken Beine. Wo ist der Wein? Nicht nur für den Computer habe ich etwas mitgebracht.

1.3. Nina

Ich bin unruhig. Das gefällt mir nicht. Jedes Geräusch erschreckt mich.

Es ist äußerst unangenehm, auf Leute warten zu müssen. Vielleicht liegt das an der Furcht, dass diese nicht kommen könnten, an dem starken Wunsch, eines auf jeden Fall zu verhindern: sitzengelassen und in der Vorfreude auf Gemeinsamkeit enttäuscht zu werden. Das beste Mittel: erst gar keine Hoffnungen, Wünsche, Träume zu haben, die von anderen abhängig sind! Ich packe nur das an, was greifbar ist. Ich stehe sozusagen mitten im Leben.

Warum bin ich bloß nervös? Ich will doch gar nichts von ihm. Er schon eher von mir, wie es scheint. Sein lauernder Tigergang, immer um mich herum - ohne dass ich mir allerdings sicher bin, dass seine Aufmerksamkeit wirklich mir gilt. Seine Blicke, sein Lächeln, seine Zuwendung - außergewöhnlich oder nicht außergewöhnlich? Mein Gefühl sagt mir: außergewöhnlich, und doch bin ich mir nicht sicher. Was soll denn diese Grübelei überhaupt!? Gewöhnlich, außergewöhnlich, es kann mir doch gleich sein – wichtig ist, was ICH von ihm will – und ich will das Computerprogramm, welches er mir anbot. Wir können gern Freunde werden. Ich mag ihn, und ich mag es, Freunde zu haben. Eine Liebschaft mit ihm will und brauche ich nicht, und ich möchte auch gar nicht daran denken. Er ist verheiratet. Zu Leuten mit Trauschein habe ich, was meinen Freundeskreis anbetrifft, kaum Kontakt. In unseren Kreisen heiratet es sich nicht. Ehemänner sind mir eher suspekt, weil die Erfahrung mir sagt, dass fast jeder Mann untreu wird, wenn eine nach seinen Wertmaßstäben einigermaßen attraktive Frau es darauf anlegt. Folglich habe ich großen Respekt vor treuen Männern, insbesondere, wenn sie interessant und freiheitsliebend sind – doch bisher sind mir solche noch nicht begegnet. Ich lasse meine Finger auch deshalb von Männern mit Trauschein, weil ich ihre Frauen nicht verletzen möchte.

Es ist nicht so, dass ich verheiratete Männer als Tabu betrachte. Bei den meisten ist die Ehe doch ein reines Zufallsprodukt! Die wenigsten stehen wirklich hinter ihr oder zu dem Partner, an den sie geraten sind. Dies ist doch schon durch die Art zu belegen, wie sie über ihren Partner, ihre Partnerin sprechen: die Frauen meist kritisch, die Männer meist gar nicht. Größtenteils ist es Eigennutz, wenn sie zusammen bleiben, nicht Liebe. Liebe bedeutet doch, gerade wegen des Partners, der Partnerin zusammen zu leben, auf ihn, auf sie respektvoll, bewundernd, liebend eben fixiert zu sein. Sie haben sich in den Verhältnissen eingerichtet, die sie nur schufen, weil fast alle sie schaffen. Von klein auf werden wir mit der Zweierbeziehung bombardiert.

Ich lebe zurzeit allein und bin zufrieden damit - im Vergleich zu dem auch erlebten Zustand, aus Kompromiss mit einem Menschen zusammenzuleben, der mich nicht wirklich begeistert. Vielleicht suche ich noch immer die große Liebe. Doch gibt es sie überhaupt? Ich bin ihr, so glaube ich, bisher nicht begegnet. Kann denn EIN Mann alle meine Bedürfnisse befriedigen – können? Vielleicht brauche ich viele Männer? Vielleicht keinen Mann?! Vielleicht eine Frau!? Niemanden!

Das ist Theorie. Die Praxis sieht anders aus. Schlimm, die Tage ohne freundliche Worte und ohne Berührungen. Schrecklich, der Gang in die leere Wohnung, schmerzhaft der Klang der Tür, die hinter mir ins Schloss fällt, abends, wenn ich schließlich irgendwann doch alleine nach Hause gegangen bin. Das Wissen um die eigene Einsamkeit macht so verletzlich. Ängstlich versuche ich, jede Art der Abweisung zu umgehen, weil diese so schmerzt, und spüre doch bei jeder Begegnung in jedem Moment, dass sie letztlich, beim Abschied, unvermeidlich ist. Ja, auch Abschied ist eine Art von Abweisung.

Gehe ich allein durch die Straßen, fühle ich mich den männlichen Blicken schutzlos ausgeliefert. Ich bin zu haben – ohne Mann – bin bedürftig, könnte bedürftig sein, weil ich doch einen Mann suchen könnte. Ohne Mann komme ich mir oft nackt vor. Es ist schrecklich, bei Familienfesten oder anderen Geselligkeiten ohne Partner herumzusitzen, sichtbar als wahrhaft Sitzengebliebene, alleine, womöglich noch Mitleid auf mich ziehend. Ich stehe nicht zu meiner Einsamkeit. Ich empfinde sie als Schwäche, Behinderung.

Mein Verlangen nach Nähe will ich keinesfalls zeigen, um die Verletzbarkeit nicht noch zu steigern. Ich bin deshalb abweisend, kühl, distanziert, verhalte mich somit grundsätzlich entgegengesetzt zu meinen Bedürfnissen. Wie oft das schmerzt!

Mein Kopf rät mir, dass die Liebe nicht wieder Mittelpunkt meines Lebens werden sollte. Jahre habe ich damit verbracht, ihr Geheimnis ergründen zu wollen – und bin nicht viel weitergekommen. Im Gegenteil. Das, woran ich anfangs glaubte, stelle ich heute in Frage. Womit kann ich sie jedoch ersetzen? – Wie mich mein großes Bedürfnis nach Nähe und Zärtlichkeit quält!

Wenn nicht die Liebe, was ist dann der Sinn des Lebens? Die Arbeit? Warum stürze ich mich dann nicht in sie hinein, schwimme mich frei, setze mir Ziele und kämpfe für sie? Warum kommt die Arbeit für mich erst an zweiter Stelle? Kann mein Wille stark genug sein, das zu ändern?

Ich brauche es doch, begehrt zu werden, gebraucht – von einem Menschen, den auch ich begehre. Ich suche das Feuer, das Auflodern einer großen Flamme, die alle Grenzen sprengt, die Glut, die in meinen Augen brennt, in anderen Augen ...

Ist das normal? In meinem Magen liegt eine große Faust.

1.4. Sonja

Meine Mutter spielt auch heute noch eine wichtige Rolle in meinem Leben. Es ist gut, zu wissen, dass sie da ist. Ich bin ihr dankbar für das, was sie für mich getan hat und immer noch für mich tut. Ich freue mich über ihre Zuwendung, ihre Geschenke, ihre Liebe. Die Vorstellung, dass sie sterben könnte, erfüllt mich mit grenzenloser Trauer. Ihr Tod ist einfach nicht vorstellbar, das Denken daran verbietet sich.

Mein Vater hat sich nicht viel um mich gekümmert. Manchmal denke ich, dass ich ihn sehr vermisst habe. Meine Sehnsucht nach einem Vater, der für mich da ist, wenn ich ihn brauche, der lobt und tadelt, der mich beschützt, der mir geduldig Wissen vermittelt und für mich sorgt, ist nie geringer geworden. Dieses ersehnte, vollkommene Glücksgefühl, diese Geborgenheit habe ich sicher in meiner Ehe gesucht – und nicht gefunden.

Max ist für Gleichberechtigung. Einerseits weiß ich das zu schätzen. Ich kann heute Kabel ziehen, verstopfte Abflüsse freibekommen und auch die Bohrmaschine bedienen, ich lernte Teppichboden verlegen und Motorradfahren. Auf der anderen Seite sehne ich mich danach, ihn einmal nicht darum bitten zu müssen, die Limonadenkisten zu tragen, träume ich heimlich davon, wie er mir in den Mantel hilft oder mir eine Überraschung bereitet, wie zum Beispiel Frühstück ans Bett zu bringen.

Eigentlich suche ich Harmonie, den glücklichen Gleichklang mit der äußeren Welt. Hierfür bin ich bereit, Opfer zu bringen - denn häufig laufen meine Interessen denen anderer Menschen zuwider. Ich leiste Verzicht, indem ich die meinen den anderen unterordne, denn Streit und Zank sind mir ein Gräuel. Ich habe es nicht gelernt, meine Wünsche streitbar einzubringen, weshalb ich in Auseinandersetzungen meist unterliege, was mich unsagbar enttäuscht, was ich aber dennoch nicht zeige, denn ich hasse es, schwach zu erscheinen und bitte nicht gerne um Hilfe. Ich bin eher ein Mensch, der alles selbst machen möchte, schlecht delegieren kann. Das war schon immer so.

Vor ein paar Jahren wurde mir vorgeschlagen, in leitender Stellung tätig zu werden, ein Kollege war kurzfristig ausgefallen. Nächtelang konnte ich nicht schlafen, habe hin- und herüberlegt. Max riet mir, anzunehmen – doch es liegt mir nicht, Leute zu kommandieren. Das könne man lernen, sagte mein Chef. Aber wie wäre es mit meinem Verhältnis zu meinen Kollegen bestellt gewesen? Plötzlich wäre ich aus ihrer Mitte gerissen, ihnen vorgesetzt gewesen. Dieser Gedanke verursacht mir heute noch Unwohlsein. Alles hätte sich damit verändert. Wäre ich in den Aufenthaltsraum gekommen, wäre die Stille eingekehrt, wie es dann bei der Kramer auftrat. Sie hätten dann über mich getratscht – so untersuchten wir, was die Kramer da oder dort wieder falsch gemacht hatte, was sie sich hier- oder dazu wohl einbildete.

Seit die Kramer die Aufgabe übernommen hat, habe ich mich schon manches Mal geärgert, denn so gut wie die hätte ich es mit links gekonnt. Dann hat sie sich auf ihren Posten auch noch etwas eingebildet. Dabei hatte sie noch nicht einmal Abitur. Ich gebe zu, sie hatte keinen leichten Stand. Wir haben unsere Arbeit weiterhin so gemacht, wie wir sie immer machten. Die Neuerungen, die sie einführen wollte, haben wir nicht so ernst genommen; zum Beispiel die ständigen Besprechungen. Es hat sie immer geärgert, wenn wir zu spät gekommen sind. Sie ist dann auch gegangen. Heute macht das ein ganz Junger, und wie ich so höre, setzt der sich durch. Ich besuche noch regelmäßig den Stammtisch, ein Mal pro Monat, so bleibe ich auf dem Laufenden.

Jetzt müsste Max aber langsam kommen, es ist nach zwölf, mir fallen die Augen zu. Wo er wohl wieder bleibt? Ständig diese Abendtermine, sie häufen sich in der letzten Zeit. Max führt das auf die erfolgreiche Unternehmensentwicklung zurück. Er zeigt mir immer die Monatsstatistik und kann darauf wirklich stolz sein. Mit Stillstand hat er sich nie zufrieden gegeben, er ist eher ein Macher, ein

Pionier, letztlich aber auf meine Kosten, denn ich bin es, die das Kind hüten muss.

Max sagt ja, dass wir einen Babysitter bemühen könnten, die beiden Großmütter helfen jederzeit aus, wenn wir es möchten, doch für ein Kind, denke ich, ist es besser, geregelt zu leben, nicht ständig hin- und herzuziehen und womöglich jeden Abend fremde Gesichter zu sehen ... Es ist schon das Beste für Ruben, wenn er weiß, dass ich da bin, zumal er jede Nacht mehrmals aufwacht.

Schon alleine deshalb wolle er kein Kind mehr, sagt mein Mann. Ich höre das Kind immer gleich und bin auch sofort zur Stelle. Manchmal entschlüpft mir dann morgens beim Aufstehen schon mal ein mürrisches Wort, weil ich wieder nicht richtig schlafen konnte und immer ich es bin, die losrennen muss, selbst am Wochenende. Er sagt, er höre ihn gar nicht. Wie schön für ihn.

Was soll's. Meistens gönne ich ihm ja den Schlaf, der jetzt auch mich überkommt. Wer weiß, wann Max eintrifft. Ich werde nicht mehr weiter auf ihn warten, sondern in Kontakt mit meinem Kopfkissen treten. Früh genug wird Ruben mich wecken.

1.5. Max

Ein zweiter Name auf ihrem Klingelschild. Habe ich etwas übersehen? Meine Hand auf dem Weg zum Klingelknopf zögert, aber nur kurz. Es wird sich zeigen.

Die Haustür öffnet sich automatisch. Der Hausflur ist neu gestrichen. Sie wohnt im zweiten Stock. Sie steht in der Tür und lächelt mich an. Sie ist so schön, dass ich zu Boden schaue.
»Hallo!«, sagt sie.
»Hallo«, ist meine Antwort.
Die Rotweinflasche wandert von meiner Hand in die ihre. Ihre Haut ist kühl.

Sie übernimmt die Führung, nimmt mir die Jacke ab und leitet mich in ein geräumiges, helles Zimmer.
»Setz' dich doch«, sagt sie und fragt, ob ich etwas trinken möchte, was ich bejahe.
»Wein?«
Wein. Es versetzt mich in Erstaunen, dass dieses Zimmer mit so viel Kleinkram, Puppen, Tellerchen, Muscheln, Väschen, Schnitzereien und anderen Dingen erfüllt ist. Ich dachte an klare architektonische Formen, als ich sie sah, so wie die Weingläser, die sie jetzt bringt.

»Der Computer steht im anderen Zimmer«, sagt sie fast entschuldigend.
Ich nicke. Sie ist nervös. Ich sehe es an ihren Bewegungen.
»Auf das Computerprogramm!«, sagt sie und stößt mit mir an.
Ihre Augen leuchten.

Der Wein schmeckt gut. Ich habe auch lange genug überlegt, welchen ich mitnehmen soll. Jetzt legt sie eine CD ein. »Pat Metheny«, sagt sie und lächelt wieder. Kenne ich nicht. Ihre schlanken Beine kommen in dieser Hose gut zur Geltung. Langsam sollte ich auch etwas sagen, doch was? Mir fällt nichts Passendes ein. Sie spricht vom Wetter, gut. Ja, es ist schön, dass jetzt der Sommer kommt. Im Sommer trägt sie enganliegende T-Shirts und transparente Blusen, ein mehr als angenehmer Anblick, das weiß ich von letztem Jahr. Wir könnten zusammen schwimmen gehen. Durch ihre landwirtschaftlich tätigen Großeltern hat sie erfahren, dass es in diesem Jahr außergewöhnlich trocken ist, berichtet sie gerade. Die Musik gefällt mir.

»Ob es wohl von den Klimaveränderungen kommt?«
Jetzt fordert sie eine Antwort. Ich führe aus, dass das Wetter schon immer veränderlich war und es schon immer gute und schlechte Jahre für die Landwirtschaft gegeben hat.
»Bedrohlich ist vor allem die Belastung der Natur durch die massenhafte Verbrennung zur Erzeu-

gung von Wärme und Energie. Wir vernutzen die Rohstoffe des Planeten, auf dem wir leben, wobei die Energie, die dadurch freigesetzt wird, nicht verloren geht – physikalisches Gesetz – und die Folgen sind nicht absehbar. Es sind auch andere Formen der Energiegewinnung in großem Maßstab denkbar, doch die Staaten sehen sich immer noch nicht zur Zusammenarbeit genötigt. Es wird immer noch geglaubt, dass die Ausbeutung unserer Erde billiger sei. Beängstigend ist die Verschmutzung des Wassers und das Sinken des Grundwasserspiegels; Entwicklungen, die Pflanzen- und Tierarten aussterben lassen und wahrscheinlich viel zu spät kontrolliert werden können, wenn überhaupt.«
Ich berichte ihr vom großen Sterben der Fische im Altrhein, von den Mutationen der Lebewesen nahe Atomkraftwerken. Ihr Großvater hat ihr erzählt, dass es auf seinen Wiesen kaum noch Klee gibt, wogegen er früher die Kühe am liebsten auf Kleewiesen weiden ließ, weil diese besonders nahrhaft sind.

Sie streicht ihr Haar zurück, ihr glänzendes, lockendes, seidig schimmerndes Haar. Ihre Nasenflügel beben ein wenig.

»Gefällt dir die Musik?«, fragt sie leise.
»Ja, sehr«, sage ich.
»Möchtest du den Computer sehen?«, fragt sie.
»Ja, gerne«, antworte ich und folge ihr.

1.6. Nina

Endlich. Es klingelt. Erschreckend, wie schrill die Klingel klingt. Erstaunlich, wie mühsam mein Körper sich erhebt und die Hand den Öffner betätigt.

Jetzt kommt er die Treppe herauf. Seine Schritte sind durch die geöffnete Wohnungstür hörbar. Langsam bewege ich mich weiter zur Tür. Schon taucht sein Haarschopf an der letzten Biegung der Treppe auf. Unwillkürlich beginne ich zu lächeln.
»Hallo!«, sage ich.
Er lächelt zurück, erwidert dasselbe. Seine männliche Stimme klingt etwas zögernd. Er reicht mir eine Flasche Rotwein.
»Komm' herein«, sage ich und gehe vor.

Unglaublich. Während er mir folgt, empfinde ich seinen Blick auf meinem Rücken. Ob er wirklich gerade dorthin schaut? Oder bilde ich es mir ein? Seit ich zielgerichtet nachzudenken begann, setzten die Zweifel ein, ob ich Gefühlen vertrauen kann. Zunehmend habe ich den Verstand obsiegen lassen, komme so allerdings mit meinen Gefühlen nicht mehr klar. Am unangenehmsten ist es, dass mein Verstand den Gefühlen nur bedingt befehlen kann, vor allem, was meinen Körper betrifft. Dieser verhält sich entgegen meinem Willen bis heute uneingeschränkt autonom.

Ungewöhnlich, diese Nähe von ihm. Bisher waren immer andere Menschen dabei, wenn wir uns trafen. Bisher waren unsere Treffen unabgesprochen.

Pflichtgemäß biete ich ihm an, seine Jacke an die Garderobe zu hängen. Er übergibt sie mir, und ich spüre, wie mein Herz zu klopfen beginnt. Schon die Berührung der Jacke weckt eine Intimität, die mich verwirrt. Ich biete ihm einen Platz auf meiner Couch an. Seine Augen erforschen meine Wohnung, unwillkürlich sehe ich das und empfinde Scham dabei, als ob er mich selbst erforsche. Ein unbekanntes Gefühl – und wie viele Gäste habe ich schon empfangen! Liegt das an ihm, dass ich so empfinde – oder an mir? Vielleicht ist bei mir aufgrund akuten Männermangels schon der Notstand ausgebrochen?

»Was möchtest du trinken?«, frage ich gekonnt souverän.
»Was hast du denn anzubieten?«, fragt er entwaffnend zurück.
Ich zähle auf, was mein Kühlschrank hergibt und fühle mich dabei erröten. Das kann er aber nicht sehen, davon gehe ich aus, denn als ich mich durch Zufall einmal beim Erröten im Spiegel sah, war das Erröten nur spürbar, aber nicht sichtbar. Er entscheidet sich für den Wein, den er mitgebracht hat.

Meine Gedanken konzentrieren sich auf die Küche. Gläser, einen Korkenzieher, ich betätige die Kaffeemaschine. Kaffee trinke ich für mein Leben gerne, obwohl er nicht gesund sein soll. Er ist so warm und so leicht zu machen. Ich werde eine Platte auflegen. So hört man die Stille nicht. Meine Lieblingsmusik, Pat Metheny. Schon als die ersten Töne erklingen, steigt wieder dieses Gefühl von Scham, ja Angst in mir auf. Ich empfinde, dass die Musik mich präsentiert. Sie macht mich nervös. Vielleicht mag er sie nicht. Ich fühle mich ausgeliefert.

Ich beginne ein Gespräch, um ihn abzulenken. Doch was muss ich bemerken? Ich rede und rede – und er sagt gar nichts. Ich bin seinen forschenden Augen ausgesetzt – oder bilde ich mir nur ein, dass sie forschen?
Was ist bloß los mit mir?

1.7. Max und Nina

(Max): Ihr Arbeitszimmer. Etwas unordentlich. Viele Bücher. Der Arbeitsplatz etwas dunkel. Der Computer ist in den Schrank eingebaut. Eine gute Idee. Perfekte Lösung. Gefällt mir. Computer einschalten, CD einlegen, Programm auf Festplatte laden – läuft.

(Nina): Er geht mit dem Computer um, als ob es der seine wäre. Das beeindruckt mich. Vielleicht, weil es für mich neu ist. Oder habe ich bei anderen darauf noch nicht geachtet? Die CD hat er aus seiner Jackentasche gezogen. So einfach ist das. Das Programm zu überspielen wird etwas dauern, sagt er. Ich werde mich neben ihn setzen.

(Max): Ihre Nähe macht mich unruhig. Ich kann ihre Beine sehen. Es ist schön, sie so nahe bei mir zu haben.

(Nina): Als ich ihm eben in die Augen schaute - kurz nur und eher zufällig – zog ein elektrischer Strom durch meinen Körper. Was soll das sein? Von einem Blick. Mein Gesicht rötet sich, ich spüre es und bin machtlos dagegen. Wie oft habe ich mich über die roten Ohren von anderen amüsiert.

Und jetzt das. Geschieht mir ganz recht. Jetzt fürchte ich mich ein wenig, ihn wieder anzuschauen.

(Max): Seit Tagen schon, seit wir dieses Treffen ausmachten, ist sie bei mir, ob ich will oder nicht. Sie begleitet mein Einschlafen, Aufwachen, Autofahren, selbst meine Arbeit. Ständig möchte ich sie sehen. Sie nur anzuschauen bereitet mir höchsten Genuss. Sie regt meine Sinne in einer Weise an, die ich bislang nicht kannte. Jetzt ist sie mir greifbar nahe, und das Verlangen nach einer Berührung mit ihr steigt mit jeder Sekunde.

(Nina): Es ist schön, dass er da ist. Es ist mehr. Jede meine Körperfasern reagiert auf ihn, wenn ich es zuzulassen bereit bin. Doch ich bin nicht bereit. Ich weiß, dass er verheiratet – mehr noch – Vater ist. Im Zeichen von Freundschaft habe ich meine Tür geöffnet. Seine Ehe soll unangetastet bleiben. Eine dunkle, tiefe, traurige Sehnsucht lässt mich ihm in die Augen schauen. Ich schwanke.

(Max): Ihre Augen sind von einem matten Schimmer, den ich bisher nicht kannte. Ihre helle Haut leuchtet sanft in der beginnenden Dunkelheit. Ihre Lippen sind rot und ernst und traurig. Ich möchte sie küssen.

(Nina): Du verlangst nach mir. Wie weit kann ich dir vertrauen?

(Max): Das fast unmerkliche Beben ihrer Nasenflügel, drückt es Zuneigung aus? Wann kommt ihr Körper mir entgegen? Ihre geröteten Wangen stimmen mich fröhlich. Sie geben mir Sicherheit.

(Nina): Kannst du meine Zerrissenheit spüren? Ich verlange nach dir und verwehre es mir. Selbst der Gedanke an dich war bisher nicht erlaubt. Jetzt bist du hier, und ich reagiere von Minute zu Minute stärker auf dich. Noch habe ich Kontrolle über mich. Was folgt daraus, wenn ich die Gefühle lebe, die mich jetzt erfüllen? Ich trage die volle Verantwortung. Seine warme, weiche Hand berührt mich sanft. Behutsam kommt er mir näher und gibt mir Zeit, mich mit ihm vertraut zu machen. Seine Zärtlichkeit tröstet mich und wühlt mich doch auf.

(Max): Wie schön.

2.1. Sonja

Er hat mir nicht das Glück gebracht, das ich suche. Er bringt mir keine Befriedigung. Ohne Hemmungen handelt er immer so, wie es ihm gefällt. Ohne Scham befriedigt er seine Interessen. Ich hingegen bin für ihn da – und er nimmt mich, wann immer er es benötigt. MEINE Wünsche befriedigt er nur, wenn es ihm gefällt. Er ist ein Egoist, wie alle Männer. Ich hätte es wissen müssen.

Es hat mir nichts ausgemacht, ihm die Socken zu waschen, die Hemden zu bügeln. Gerne habe ich für uns eingekauft, etwas Schönes gekocht, gebacken. Als dann Ruben, unser Sohn, da war, bin ich jede Nacht mehrmals aufgestanden, habe die neue Belastung selbstverständlich erfüllt. Er konnte ruhig weiterschlafen, ich habe es ihm gegönnt. Jetzt bin ich unzufrieden. Unvermeidlich drängt sich mir wieder und wieder die Frage auf: Was hat mir das alles gebracht? IHM gehört der ganze Laden. ER ist ein angesehener Mann. ER hat Termine, auf die ich Rücksicht nehmen muss und die bei Überschneidungen mit den meinen auf jeden Fall wichtiger sind. Bei IHM geht es um Geld, ›um unser Geld‹ sagt er, das doch seines ist, um Erfolg, der doch auf ihn zurückfällt. Ich habe nur Privattermine: Freundin, Familie, Friseur, Termine mit Ruben, wenn nicht verschiebbar, so doch vermeidbar oder ersetzbar. Bei IHM hingegen tragen selbst die Tennistermine noch den Charakter von Naturereignissen.

Wie anders war es, als unsere Liebe begann. Beständig neu versuchte er, mich zu beglücken. Anfangs misstrauisch, habe ich der Ehrlichkeit seiner Absichten mehr und mehr vertraut und mich ihm geöffnet. Wir waren glücklich – bis er mich enttäuschte, wieder und wieder. Zunehmend hat er nur noch an sich gedacht; besonders schmerzlich empfand ich es im Bett. Ich versuchte, ihn zu verstehen: Er kam von der Arbeit und suchte Befriedigung. Ging ich seinerzeit nicht auch zur Arbeit? ICH habe mich GANZ ANDERS verhalten.

Dann begann er zu schnarchen. Ich lag wach neben ihm, wütend und unzufrieden. Morgens las er während unseres gemeinsamen Frühstücks die Zeitung. Gleich nach dem Aufstehen pfiff er schon Lieder, während ich noch müde und traurig war. Während er vielleicht lächelnd den Kaffee schlürfte, bisweilen genüsslich schmatzte, tobte es womöglich schon in mir. Ich beherrschte mich. Im Verlaufe des Tages habe ich mich mit ihm versöhnt. Erwartungsvoll sah ich seiner abendlichen Heimkehr entgegen. Nicht, dass ich ihm entgegen rannte, ich bin nicht extrovertiert, doch ich freute mich, ihn wiederzusehen. Nicht immer wurde mein Lächeln erwidert, was mich schmerzte. Wie oft stellte er schon bald nach seiner Ankunft den Fernseher an! Während ich mich nach vertrauten Gesprächen und Zärtlichkeit sehnte, verfolgte er die Weltpolitik. Ohnmächtig musste ich erleben, wie eine stille Starre zwischen uns trat.

Ist es nicht verständlich, dass ich mir irgendwann ratlos den Rat von anderen suchte? Noch heute denke ich mit Dankbarkeit an das Verständnis meiner Freundinnen, an den selbstverständlichen Trost meiner Schwester, an den wissenden Blick und die weisen Ratschläge meiner Mutter. Alle rieten mir, mehr an mich zu denken. Ich versuchte es. Ich ging mit ihnen aus, besuchte einen Gymnastikkurs, einen Nähkurs, später, als die Gymnastikgruppe mir keinen Spaß mehr machte, Yoga. Ich lernte neue Gesichter kennen und bemühte mich nach Kräften, mich abzulenken. Es tat mir so gut, die Verbundenheit meiner Kollegen zu spüren, zu wissen, dass sie mich, meine Arbeit schätzten.

Es war eine schöne Zeit, und doch war mir irgendwie alles nicht gut genug. Die Arbeit im Landratsamt war zur Routine geworden, immer die gleichen Gesichter, die gleichen Probleme, eigentlich suchte ich etwas Neues. Auf der anderen Seite war gerade da die beste Zeit, einen Kinderwunsch Wirklichkeit werden zu lassen – ich war noch jung genug, und alle rieten mir auch dazu, Mutter, Schwester, Freundinnen sind sich noch heute darüber einig, dass man ab dreißig als Mutter schon fast zu alt ist. Mein Wunsch ging in Erfüllung. Die Rolle als Mutter erfüllt mich von morgens bis abends. Unsere Ehe erhielt einen neuen Sinn. Selbst die Zeitung am Frühstückstisch blieb des Öfteren liegen, wenn der kleine Ruben ihn in seinen Bann zog.

Eine Schlinge schnürt sich um meinen Hals. Das Atmen fällt mir immer schwerer. Ich möchte rennen und bin doch festgewachsen, möchte fliehen und bin doch gelähmt. Was ist das bloß?

Ich bin nicht glücklich. Ich hätte mir einen Mann gewünscht, der immer für mich da ist. Er ist ja nur unterwegs. Heute kommt er schon wieder so spät nach Hause. Anfangs habe ich mich schon mal gemeldet, auch im Büro angerufen, um zu erfahren, ob und wann er zu Hause einzutreffen beliebt; mit der Zeit habe ich damit aufgehört, denn ich hasse Einseitigkeiten und habe keine Lust, ihm dauernd hinterherzurennen. So lebt er sein Leben und ich meines.

Mit dem Kind kann er stundenlang spielen; mit mir aber redet er kaum noch. Wie oft habe ich ein Gespräch begonnen, ihm über den Verlauf des Tages berichtet, Probleme mit Ruben angeschnitten und ihn um seine Meinung gebeten. Sobald meine Initiative endet, kehrt Stille ein. Gut, er berichtet schon über Geschäftliches, aber eine Diskussion kann man das nicht nennen. Früher fragte er mich oft um Rat. Das ist vorbei, eine bedauerliche Entwicklung, gerade in einer Ehe, doch ich habe sie nicht aufhalten können. Meine Kraft ist am Ende, denn meine Bemühungen wurden nicht belohnt.

Am Anfang unserer Beziehung habe ich ihm sogar oft geholfen, Berichte zu tippen, Referate zu schreiben, selbst Vorträge haben wir gemeinsam erarbeitet. Jetzt hat er eine Sekretärin und einen Partner. Er braucht mich nicht mehr, damit habe ich mich schon lange abfinden müssen. Es ist ja eigentlich auch bequemer so.

Innerlich habe ich mich damals schon manches Mal dagegen gesträubt, ihm zu helfen, denn wann half er mir mal? Ich habe immer alles alleine erledigt. Gut, ich habe es auch nicht anders gewollt, ich bitte nicht gerne um Hilfe, habe mich auch nie so engagiert wie er, ich erledigte meine Stunden, manchmal Überstunden, doch danach fiel die Klappe. Abends war ich ein freier Mensch.

Er war da anders, saß oft des Nachts noch über Plänen, träumte davon. So ganz habe ich das nie verstanden, dass er sich so abmüht, führte das erst auf seinen Chef zurück; doch es wurde nie anders, auch später nicht, als er selbständig wurde. Geschäft, Geschäft. Manchmal habe ich mich auch gefragt, ob es vielleicht an mir liegt, an unserer Ehe, dass ich ihm nicht das geben kann, was er braucht. Doch er hat dies stets verneint, hat mir bis heute immer wieder versichert, dass er mich liebt.

Er nimmt sich halt immer SEHR wichtig, das kann ich nicht. Ich bleibe lieber im Hintergrund, leiste Zuarbeit. Mir graut davor, im Mittelpunkt zu stehen, alle Augen auf mich gerichtet, womöglich eine Rede halten zu müssen.

Nach dem Mutterschaftsurlaub könnte ich ja auch bei IHM zu arbeiten beginnen. ER hat es mir schon mehrfach angeboten, doch ich bin nicht begeistert. Dann wäre ER mein Chef, ER, ein Jahr jünger als ich. Ich kann mir nicht vorstellen, dass es gut für uns wäre. Es macht mich jetzt schon verrückt, von ihm Anweisungen entgegenzunehmen, und sei es nur, wie ich fahren muss, wenn er die Strecke kennt und ich nicht. Vielleicht liegt das daran, dass mein Vater meine Mutter immer so herumkommandierte.

Ich könne einen Bereich völlig eigenverantwortlich leiten, hat ER gesagt. Letztlich wäre ich aber IHM verantwortlich, und wenn es nicht so liefe, wie ER es will, hätte ER das letzte Wort. ER hat Ellenbogen, ich nicht. Ich würde von ihm zerquetscht. ER ist ein Typ, der alles kann und alles weiß, hat den Hang zum Perfektionismus und ein überragendes Gedächtnis. Ich zöge den Kürzeren. Warum sollte ich mir, sollte ich uns das antun?

Meine Mutter meint, vier Augen sähen mehr als zwei, es sei gut fürs Geschäft, wenn ich dabei sei. Ich könnte zum Beispiel die Buchhaltung übernehmen und hätte nach einer gewissen Zeit einen genauen Überblick und die perfekte Kontrolle. Verwaltung habe ich ja gelernt. Ich besuchte dann auch einen Fortbildungskurs, Buchhaltung, letztes Jahr war das, ER hatte es vorgeschlagen.

Anfangs lief alles ganz gut, ich kannte mich aus, hatte Erfahrung, konnte mühelos folgen. Doch dann wurde an der Schraube gedreht, jede freie Minute mussten wir über den Büchern sitzen, um noch folgen zu können. Mir fiel das besonders schwer, mit Ruben am Hals, die anderen waren ja meist noch ledig. Theorie ist sowieso nicht meine Stärke. Als mir die Kursleiterin dann noch mehrmals über den Mund fuhr, wurde es mir zu bunt. Ich bin einfach nicht mehr hingegangen. Meine Ausbildung habe ich ja, das reicht mir doch, was habe ich es nötig, mich so abzuquälen und mir auch noch das Wort verbieten zu lassen. Es geht auch so.

2.2. Nina

Alles in mir hast du aufgewühlt
Mein Innerstes Deine Haut jetzt fühlt
Meine Nerven liegen völlig frei
Jeder falsche Ton bricht mich fast entzwei
Jeder starke Wind wird vom Boden mich heben
Deine Hand an mir bringt mich völlig zum Beben

Das ist so schön
Und doch so schwer
Was geschieht mit mir?
Ich weiß es nicht mehr

Ich möchte dir immer nahe sein
Ganz zart und leise mit dir glücklich sein
Tage mit dir die Welt hier vergessen
Dieser Wunsch ist fast schon vermessen
Tage mit dir nur Gutes tun
Sich lieben
Und manchmal sich liebend auszuruhen

Ich möchte dich gerne glücklich sehen
Und dabei mit dir zusammen gehen

2.3. Max

Endlich habe ich den Auftrag erhalten. Jahre habe ich mich um diesen Kunden bemüht. Ich habe Verständnis dafür gezeigt, dass er nicht ohne weiteres seinen Architekten wechseln wollte – und doch bin ich in Kontakt geblieben, habe beraten, ohne etwas dafür zu verlangen.

Jetzt ist es so weit. Ein Zwanzig-Millionen-Projekt! Grausame, schöne Welt! So ist das Leben. Der Absturz des einen ist der Aufstieg des anderen. Man muss seine Qualitäten verkaufen können. Vielleicht bin ich ein Glückspilz. Ein Freudentag. Jetzt sollte ich nach Hause gehen. Genügend geschuftet für heute. Die nächsten Monate sind gesichert - auch wenn die Rechnung für den letzten Auftrag, wie ich heute bemerkte, zu spät geschrieben wurde. Das Geld fehlt uns jetzt. Ärgerlich, aber nicht mehr zu ändern. Kaum gibt man seinen Angestellten mehr Sicherheit – vor einigen Wochen habe ich ihre zuverlässige Arbeit gelobt – werden sie schlampig. Wirklich ärgerlich.

Wie oft hat mich in den vergangenen Jahren die brutale Unsicherheit gequält, ob ich uns finanziell überhaupt über Wasser halten kann. Diese enorme Verantwortung ist in Momenten der Niederlage,

Enttäuschung, in Momenten des Rückschlags unbeschreiblich bedrückend. Es gibt keine außer mir liegende Sicherheit, das finanzielle Polster ist noch sehr dünn, das Vertrauen der Banken erst langsam gewachsen und immer noch abhängig von den Erfolgen, die ich vorweisen kann.

Normalerweise bin ich mir sicher, dass ich es schaffen werde, doch gibt es Augenblicke, mehr noch, Perioden der Niedergeschlagenheit, in denen ich sehnlich nach einem äußeren Halt verlange. Verlässliche Partner in geschäftlicher Hinsicht sind – nicht nur psychologisch gesehen – ein existentieller Rückhalt.

Dieser Zwanzig-Millionen-Auftrag ist ein wichtiger Schritt für die Entwicklung des Unternehmens. Er gibt uns Ertrag und Sicherheit, langfristig wird er eine wichtige Referenz sein und unser Renommee merklich verbessern. Das muss ich Sonja erzählen.

2.4. Sonja

Es ist schön, gebraucht zu werden, und ich habe glücklicherweise Menschen gefunden, die zuzulassen bereit sind, dass ich für sie da bin. Das ist der Sinn meines Lebens, die Bindung zur äußeren Welt.

Ich könnte glücklich sein, doch ich lebe in ständiger Existenzangst. Die Vorstellung, plötzlich nicht mehr gebraucht zu werden, ist zu einem nicht kontrollierbaren Alptraum geworden. Lange schon kann ich des Nachts nicht mehr schlafen.

Mein ›Ich‹ braucht das ›Du‹ zum Leben.
Mein ›Ich‹ muss dem ›Du‹ Opfer bringen.
Wie ich das ›Du‹ manchmal hasse!

Meine Nützlichkeitsbeweise laugen mich aus.
Welchen Widerwillen ich manchmal beim Geben empfinde!

Auch ich habe Wünsche
Träume
Bedürfnisse, die nach Befriedigung schreien!

Sie zu unterdrücken
um für andere da zu sein
und dabei noch fröhlich zu bleiben
verzehrt meine Kraft.

In Wirklichkeit möchte ich nicht weniger wichtig sein als andere es sind. In mir glüht ein Ehrgeiz nach Macht wie bei anderen auch. Wer will schon machtlos sein? Auch ich brauche Freiheit und Erfolg, wie alle anderen auch.

Langsam hasse ich sie, diese jungen, unabhängigen, erfolgreichen Frauen, die mit mir umgehen, als sei ich ihresgleichen und gar nicht erkennen, dass uns Welten trennen. Ich-zentriert meinen sie, dass Glück und Sympathie ihnen zufliegen müssten und glauben auch noch, dass alle Menschen darüber glücklich seien.

Ich fühle, wie die Ablehnung jener, die nicht so leben wie ich, von mir Besitz ergreift; wie meine Freundlichkeit anderen gegenüber mit Ausnahme derer, deren Leben noch schlechter ist als das meine, zu geheuchelter Lüge gerinnt; ich muss erkennen, wie Neid und Missgunst mich zersetzen, weil ich mich ständig vergleiche mit anderen, die meine Wege kreuzen.

Seit Jahren bin ich gefangen in dieser einsamen Hölle eines sich fühlbar entleerenden Ichs; ich möchte rennen und bin doch festgewachsen, möchte fliehen, doch bin ich gelähmt. Das Atmen fällt mir immer schwerer. Ich bin in einem ausweglosen Kreislauf gefangen, bin entkräftet, müde, erschöpft durch den Widerstreit der Interessen.

Wodurch geriet ich in diese Abhängigkeit? Mein Mädchenwunsch: Hochzeit und Familie. Mein Mädchenleben: die Suche nach einem Mann für das Leben, ein Traum, den Freundinnen, Mütter, Zeitschriften und Dreigroschenromane mit mir teilten. Meine Mutter bat meinen ersten Freund, mich zu behüten. Ich war die stumme Zeugin. Für meine Mutter zählte seine Sorge um mich mehr als die meine. Er war der Mann, nicht ich.

Oh, Mutter, die Freiheit, die du mir gabst, war die, von mir frei zu sein. Die Erfüllung deiner Bedürfnisse, mich betreffend, wurde mir zum Bedürfnis, weil sie dein Bedürfnis war. Du hast mein Inneres, meine Wünsche beständig bekämmt, um mich auf das ich-lose Leben auszurichten. Du hast deine Werte auf mich übertragen und dachtest dir nichts dabei.

Ich bin deine Mutter. Du sollst keine anderen Mütter haben neben mir. Du sollst keine Bitten an mich richten, sondern dich begnügen mit dem, was ich dir gebe, denn ich meine es gut mit dir. Du sollst mich lieben immerdar, egal, was ich tue, denn ich bin schwach und verdiene dein Mitleid, ich, eine Frau und deine Mutter. Du, mein jüngeres Ich, sollst mich nicht in Frage stellen, sondern mir helfen und mich trösten, mich, deine Mutter.

Du sollst nicht Hunger haben, wenn noch nicht Zeit zum Essen ist. Du sollst nicht durstig sein, alles nach meinem Maß. Du sollst nicht klettern, weil du fallen könntest, denn ich habe Angst um dich, ich, deine Mutter. Mir zuliebe lauf' nicht zu schnell, siehst du, jetzt bist du gefallen. Das schöne Kleidchen, das ich mit so viel Liebe wählte, ist jetzt schmutzig; wie viel Ärger und Mühe kostet Erziehung! Jetzt hat sie schon wieder die Hose voll; wie viel Aufwand muss eine Mutter für das Kind betreiben! Abends, wenn der Kleine schläft, sieht er aus wie ein Engel, und das Gefühl ›mein Kind, mein Kind‹ entlohnt erst dann für die Mühen des Tages.

Du bist ich und ich bin du, so soll es bleiben, jetzt und immerdar.

2.5. Nina

Für mein Projekt war es wichtig, zu jener Versammlung zu gehen, auf der ich ihn, wie ich vermutete, treffen würde. So war es dann auch. Ich wagte nicht, ihn anzusprechen, aus Furcht, unser Liebesverhältnis zu enthüllen. Ihm ging es wohl ähnlich. Wir waren beide beklemmt. Wie unwürdig eine solche Lage ist! Ich fühlte mich wie eine Heuchlerin, was kaum erträglich war, auch wenn dieses nicht gekannte Gefühl von Verschwörung einen gewissen Reiz hat – doch: Verschwörung gegen wen? Kann ich stolz darauf sein, seine Frau zu betrügen?

Er hat mir gegenüber in den vorangegangenen Tagen zum Ausdruck gebracht, wie sehr er mich mag. Fast täglich kam er bei mir vorbei, oftmals spät am Abend. Wenn es klingelte, ging mir ein Stich durchs Herz. Ich wartete, warte immer auf das Geräusch seines Wagens und bin enttäuscht, wenn es nicht der seine ist.

Ich aber kann ihn nicht besuchen. Ich wage noch nicht einmal anzurufen, aus Furcht, seine Frau mit einer neutralen Stimme täuschen zu müssen. Ich fragte ihn, ob er sie über unser Verhältnis aufgeklärt hat, was er verneinte. Dieser Zustand ist auch für kurze Dauer inakzeptabel. Sie hat wie jeder Mensch ein Recht auf die Wahrheit.

Einerseits bin ich glücklich, wenn ich mit ihm zusammen bin. Andererseits möchte ich seine Ehe nicht zerstören. Also sollte ich mich entscheiden. Was ist mir wichtiger?

Wie aber kann ich entscheiden, wenn ich seine Ehe nicht kenne!? Vielleicht ist sie gar nicht glücklich!? Er spricht nicht darüber, und ich wage nicht, ihn zu fragen.

Ich sollte ihm vertrauen, ihm, den ich liebe. Er wird verantworten können, was er tut. Dann jedoch kommt mir das sechste Gebot in den Sinn: Du sollst nicht ehebrechen. Obwohl ich an Gott nicht mehr glaube und nicht mehr in der Kirche bin, fürchte ich mich davor, die Verantwortung für eine Ehescheidung zu tragen, erwarte eine Bestrafung, und sei es nur durch das Leben.

Ich möchte diesen Zustand beenden. Ich werde ihn bitten, seine Frau über unser Verhältnis zu informieren. Und zwar ohne Verzögerung.

2.6. Max

Nina. Ständig zieht es mich zu ihr hin.

Sie hat mich gebeten, es meiner Frau zu sagen, was auch mein Wunsch war. Ich habe dies inzwischen getan. Es fiel mir nicht sonderlich schwer, obwohl unsere Kommunikation in all ihren Formen – Worte, Gespräche, Berührungen, Blickkontakte und unser Liebesleben – seit langem beträchtlich gestört ist. Ich ergriff die erste Möglichkeit.

Wie ich erwartete, kam es zu keinem Gespräch. Es war eher eine Mitteilung meinerseits, die zur Kenntnis genommen wurde. Wahrscheinlich wird sie es vorziehen, diese Frage mit ihren Freundinnen zu besprechen. Dies ist bei Fragen, die ihr wichtig sind, inzwischen üblich. Anfangs hat mich das sehr geschmerzt. Warum spricht sie über das, was mich betrifft, nicht mit mir? Welche Rolle spiele ich denn in ihrem Leben, wenn dies nicht mehr geschieht? Ich versuchte, Verständnis aufzubringen. Frauen haben möglicherweise eine unterschiedliche Herangehensweise, dachte ich mir. Ich merkte aber, dass das Ergebnis jener Gespräche unser Verhältnis nicht verbesserte, wie ich anfangs hoffte, sondern uns voneinander entfernte. Es verfestigte sich bei ihr ein ›Die Männer‹-Standpunkt, welcher, hätte ich ihn als ›Die Frauen‹-Standpunkt vorgetragen, bei ihr energischen Protest wegen Frauenfeindlichkeit auslösen würde.

Ich bin kein gesprächiger Typ, das stimmt, doch ich bin in der Lage, über Probleme zu reden. Es kommt darauf an, wie man sie an mich heranträgt. Auf Vorwürfe reagiere ich allerdings aggressiv. Konflikte wurden von ihr meist in Vorwürfen geäußert. Wenn ich es recht überlege, kann ich mich nicht erinnern, dass sie Probleme anders als in dieser Haltung eingebracht hat.

Gewöhnlich spreche ich über Sachprobleme: Architektur - mein Fachgebiet - meine Arbeit, Umwelt, Politik, Verkehr und andere Fragen des täglichen Lebens oder der Philosophie und Naturwissenschaft. Über mich selbst rede ich meist nur, wenn jemand mich fragt, und auch nur so lange, bis diese Fragen enden. Meine persönlichen Konstellationen sind für mich festgelegt; was ich will, weiß ich, über meine Fehler reflektiere ich lieber alleine und ohne Zeugen. Ich brauche keine Gespräche über mich selbst. Ich komme mit mir klar. Auch Liebesromane interessieren mich nicht. Mich interessieren Fakten und sonstiges, was ich begreifen kann. Ich gestalte Zukunft.

Ich kann ihre falschen Herangehensweisen und Meinungen einfach nicht ertragen! Sie meinte, dass ich nicht fair sei, denn bei anderen reagiere ich nicht so abweisend wie bei ihr. Das mag stimmen.

Andere können mich nicht so erregen wie sie, weil ich mit ihnen nicht zusammenlebe. Von ihr erwarte ich mehr als von anderen, zu ihr muss ich stehen, und meine Toleranzschwelle ihr gegenüber ist deshalb niedriger. Soll sie sich wehren anstatt sich schmollend oder heulend zurückzuziehen. Das kann sie nicht, sagt sie. Ich wiederum kann es nicht ertragen, wenn sie weint. Das macht mich rasend! Meist sieht sie mich dann nur noch von hinten, denn ich muss den Raum verlassen, um mich beherrschen zu können.

Lange Zeit hoffte ich, dass wir uns wieder näher kämen.

Ich muss mir die Frage stellen: was habe ich dafür getan? Ich habe geduldig auf sie gewartet, habe versucht, sie in dem zu unterstützen, was ihr wichtig war. Ich habe aber nicht den Eindruck, dass wir auch nur einen Schritt weiterkommen. Sie verharrt leidend dort, wo der Ausgangspunkt war, und immer sind die anderen schuld. Ihr ständiges Selbstmitleid geht mir auf die Nerven. Sie schafft es einfach nicht, mit ihrem Leben glücklich zu werden, obwohl doch alles so läuft, wie sie wollte. Ich aber möchte sie glücklich sehen! Auf die Dauer habe ich einfach keine Lust mehr. Es interessiert mich nicht, was ihre und meine Mutter, ihre Schwester und ihre Freundinnen denken. Mich interessiert nur eines: was will sie und was will ich!? Sie scheint nicht zu wissen, was sie will.

Sie will, sagt sie, dass ich mehr zu Hause bin. Es gab eine Zeit, als ich diesem Wunsch ihr zuliebe nachkam. Ich war fast jeden Abend zu Hause. Was haben wir gemacht? Fernsehen geschaut, mit Ruben gespielt, schön gegessen. Das soll mir genügen!? Dafür soll ich Aufträge sausen lassen, politische Ereignisse versäumen, ganz abgesehen von dem kulturellen Leben, welches ich nicht völlig vermissen möchte!? Ich kann mein Familienleben doch nicht als Pflichtübung absolvieren. Da muss doch mehr sein als nur die geplanten Stunden, die schon von Misstrauen und Vorbehalten durchsetzt sind, deren Wurzeln ich nicht fassen kann.

Ich kann sie nicht befriedigen, obwohl ich mir anfangs wirklich Mühe gab. Selten hatte ich das Gefühl, dass sie glücklich war. Das fiel doch auf mich zurück, auf mein Selbstwertgefühl, auf mein Bedürfnis nach Liebe mit ihr. Fast hätte ich mir gewünscht, sie würde sich die Erfüllung, die sie bei mir anscheinend nicht finden kann, woanders suchen. Dann trat diese lange Stille ein, diese Stille zwischen uns, zu der wir beide unseren Teil beigetragen haben.

Ich habe mich anderweitig orientiert. Was sie tut, weiß ich nicht. Da sie darüber nicht spricht, interessiert es mich auch nicht. Da sie mich nicht fragt, interessiert es sie nicht, was ich denke. So einfach ist das.

2.7. Sonja und Max

(Sonja): Es ist Abend. Ruben liegt im Bett. Max ist früher als üblich nach Hause gekommen. Ich habe noch die Wäsche aufgehängt und bin dann widerstrebend ins Wohnzimmer gekommen, wo Max sich die Nachrichten anschaut. Ich setze mich in den von ihm am weitesten entfernt stehenden Sessel und schaue auf den Bildschirm. Die Nachrichten sind zu Ende. Max schaltet völlig gegen seine Gewohnheit den Fernseher aus. Ich habe dies erhofft, aber nicht erwartet und sage leicht irritiert: »Nanu, das ich neu! Du schaltest den Fernseher aus?«

(Max): Diesen Gesprächseinstieg empfinde ich als nicht positiv. Ernst und gereizt frage ich zurück: »Was meinst du damit?«

(Sonja): Ich, jetzt mehr irritiert, schon in die Defensive gedrängt, antworte eher zaghaft: »Sonst lässt du ihn doch immer bis zum Sendeschluss laufen.«

(Max): Das hätte sie lieber nicht sagen sollen, denn jetzt schalte ich den Fernseher wieder ein. ›Jetzt besser?‹ fragend.

(Sonia): Minuten des Schweigens verstreichen. Dann ich, zaghaft: »Ich finde es schön, dass du heute früher nach Hause gekommen bist.«
Max schaut mich an, schaut dann wieder zum Fernseher hin, Schweigen.

Max: »Was findest du daran schön?«

Sonja, Energischer: »Das gibt uns Gelegenheit zu einem Gespräch. Das steht ja wohl an.«

Max schaut weiter auf den Fernsehapparat.

Sonja: »Könntest du ihn bitte wieder abstellen?«

Max betätigt die Fernbedienung.
Der Fernseher schweigt.

Max: Ich drehe mich langsam, vielleicht widerstrebend, in ihre Richtung.
»Und nun?«
Schweigen.
»Du wolltest etwas mit mir besprechen?«

Sonja: »Ich denke, wir sollten umgekehrt sagen, dass DU etwas mit MIR zu besprechen hast.«
Max antwortet nicht.
Sonja: »Hast du dir schon darüber Gedanken gemacht, wie es jetzt weitergehen soll?«
Max: »Nein. Du?«

Sonja: »Für mich zählt eines besonders: willst du weiter den Kontakt mit dieser Frau, ihn vielleicht sogar ausbauen, oder nicht?«

Max: »Das kann ich dir im Moment noch nicht genau sagen.«

Sonja: »Ich möchte wissen, ob du sie weiterhin treffen wirst.«

Max: »Ich glaube schon.«

Sonja: »Dann bitte ich dich, dir eine eigene Wohnung zu suchen. Ich kann es nicht ertragen, dies auch noch mit anzuschauen.«

Max: »Ist gut.«
Er steht auf.
»Gute Nacht!«
Verlässt den Raum.

(Sonja): Ich bleibe zurück und weine.

3. Sonja

Jetzt ist das eingetroffen, was ich schon immer am meisten befürchtet habe. Er verlässt mich. Wie kann ich jetzt vor mir selbst, vor den anderen bestehen? Wie soll es weitergehen ohne dieses, mein Lebensgerüst? Alles auf Sand gebaut?! Ich falle ins Bodenlose.

Wer bin ich jetzt, ohne ihn? Brutal auf mich selbst zurückgeworfen. Abgewiesen. Ausrangiert. Allein. Vor aller Augen.

Wie soll ich mit dieser Schande leben können? Und niemand, niemand kann mir jetzt helfen.

Wie konnte er mir das antun?

Ich ahnte es immer. Ich war ihm nicht gewachsen. Deshalb hat er sich immer weiter von mir entfernt. Er blieb so lange bei mir, wie er Nutzen aus mir ziehen konnte. Jetzt bin ich verbraucht, ausgelutscht, und werde weggeworfen. Ausgetauscht.

Welchen Preis muss ich zahlen für diese wenigen glücklichen Stunden, die ich mit ihm verbrachte.

Männer! Ich habe schon lange die Nase voll von ihnen. So viel Brutalität, Kaltherzigkeit und Egoismus. Letztlich geht es ihnen nur um das eine.

Wenn das nicht mehr klappt, dann suchen sie sich etwas anderes.

Schon lange habe ich keine Lust mehr, sein Sexualobjekt zu sein. Ich bemühte mich die ersten Jahre, doch letztlich erfolglos. Sogar Reizwäsche habe ich angezogen, um ihm zu Gefallen. Er war begeistert. Ich fühlte mich wie ein Häufchen Elend. Ich habe es mir nicht anmerken lassen.

Jetzt werde ich eine phantastische Reise zu mir selbst beginnen. Bisher hatte ich noch keine Gelegenheit, ein wirklich erwachsenes Leben zu führen. Immer war ich in der Obhut einer Familie. Jetzt werde ich mein Leben endlich selbstbestimmt gestalten können, abgesehen von den Notwendigkeiten, die mein Sohn mit sich bringt.

Vielleicht kann ich so endlich glücklich werden, nach den Qualen einer wartenden Ehefrau.

Ich stehe ja nicht wirklich alleine da. Ruben bleibt bei mir. Daran gibt es keinen Zweifel, und wenn Max ihn noch so sehr liebt. Ruben gebe ich nicht her. Er gehört zu mir, seiner Mutter.

Seinen und meinen Eltern, Geschwistern, unseren Freunden zu vermitteln, was geschah, ist nicht schwierig: eine andere Frau. Das versteht jeder. Hoffentlich ist sie hübscher, klüger, jünger als ich, dann brauche ich nur mit dem Finger auf sie zu deuten. Wenn sie mir allerdings in jenen Gebieten, die meine Stärken sind, ebenbürtig, ja überlegen wäre, schmerzte mich dies sehr. Ich habe keine Lust, mir ihretwegen Minderwertigkeitskomplexe einzuhandeln. Ist sie in Bereichen gut, die mich sowieso nicht interessieren, macht mir das weniger aus. Sie könnte fischen, jagen, fliegen, Mannequin oder Prinzessin sein – das macht nichts. Rasend würde es mich machen, wenn sie in Kinderbetreuung, Buchhaltung oder Literatur besonders bewandert wäre, womöglich noch dort aktiv, wo ich vorher erfolglos abgebrochen habe. Das wäre eine Quelle langanhaltenden Ärgers.

Ich kann es nicht verhindern, dass ich mich mit anderen Frauen vergleiche. Ich messe und prüfe genau. Hochkritisch habe ich schon seit Jahren alle Qualitäten potentieller Rivalinnen analysiert, um sie notfalls präventiv aus dem Felde zu schlagen; das Vorfeld ist wichtig für mich, gerade weil ich nicht der Typ für einen Zweikampf bin. Ich suche eher mit allen Mitteln die Schlichtung, und sei es nur durch Rückzug. Ich möchte auf jeden Fall vermeiden, von einer fremden Person öffentlich ausgestochen zu werden. Das habe ich nicht nötig.

Wenn Max sich nicht beherrschen kann, muss er sich ausleben, bitte. Wenn ich Glück habe, kommt er bald wieder zu mir zurück.

An der Schnelligkeit, mit der er auszieht, kann ich ersehen, wie wichtig sie ihm ist. Ich werde alles genau im Auge behalten.

4.1. Sonja und Ruben

Er ist ausgezogen. Die Wohnung kommt mir so leer vor, obwohl er nur das Nötigste mitgenommen hat. Die Tage erscheinen mir länger, seit er nicht mehr da ist.

An meinem Tagesverlauf hat sich nichts geändert, nur in den Nächten liege ich im Bett und warte auf seine Schritte. Soll das jetzt das Ende sein? Ich kann es nicht glauben.
Es könnte zu einem Vorübergehend werden; das sei abhängig von der Entwicklung unserer Beziehung, sagt er. Wir könnten aufarbeiten. Doch was?

Sonja:

Du
räumst deine Sachen auf
Ich
unsere

Du
hast gegessen
wenn du Hunger hattest

Ich
frage
ob wir etwas essen wollen

Du
hast verfolgt
was dich interessiert

Ich
fragte
ob es dich auch interessiert

Du
gingst von dir aus

Und ich auch

Ruben:

Mama!
Mama!
Du bist so traurig.

Mama!
Mama!
Ich bin bei dir.

Komm
Lass uns spielen
Anderes leben

Ich komme zu dir

Mama!
Ich wage kaum zu fragen

Mama!
Kommt der Papa nicht mehr?

Mama!
Mama?

4.2. Nina und Max

(Nina): Du bist bei Sonja ausgezogen. Jetzt ist es fair. Sie hat die gleichen Chancen wie ich. Du hast die gleichen Chancen wie wir. Demokratie.

(Max): Ich brauche die von dir gepriesene und bewirkte Entscheidungsfreiheit gar nicht. Ich weiß, was ich will. Ich will dich.

(Nina): Ich habe nicht verlangt, dass du sie verlässt. Ich wollte Klarheit und Wahrheit, brauche die Reinheit der Bedürfnisse und Gefühle. Du bist jetzt frei, dir darüber klar zu werden, zu wem du gehörst. Du schläfst in deinem eigenen Bett.

(Max): Ich schliefe lieber in Deinem. Diese Einzimmerwohnung, die ich in der Zeitnot fand, befriedigt mich nicht.

(Nina): Ich möchte dich deiner Familie nicht entfremden. Ich möchte fair sein. Deine Frau soll eine Chance haben. Ich habe nur eines verlangt: dass du ihr die Wahrheit über uns sagst.

(Max): Die Konsequenzen haben dir Recht gegeben. Die Klärung ist erfolgt. Klare Verhältnisse, innen und außen.

(Nina): Sonja hat die Chance, dich zurückzugewinnen. Ob sie sie nutzt, weiß ich nicht. Ich kenne weder sie noch deine Ehe. Wenn letztere noch etwas taugt, wird erstere es versuchen.

(Max): Meine Frau. Ich liebe sie. Ich bin verliebt in dich.

(Nina): Ich kann nicht ertragen, dich mit ihr zu teilen.

(Max): Ich werde meine neue Freiheit zu genießen versuchen.

4.3. Sonja und Nina

Sonja: »Du hast mir meinen Mann weggenommen. Ich hasse dich.«

Nina: »Du kannst ihn wiederhaben. Es liegt an dir.«

Sonja: »Ich bin verzweifelt. Ich fühle mich ausgebeutet und schwach. Das ist deine Schuld.«

Nina: »Ich will diese Schuld nicht. Nimm ihn zurück, deinen Mann.«

Sonja: »Er hat mich so verletzt. Ich kann mich ihm nicht mehr nähern.«

Nina: »Dann akzeptiere doch einfach den Zustand so wie er ist.«

Sonja: »Wie kann ich etwas akzeptieren, das ich nicht will!?«

Nina: »Was willst du also?«

Sonja: »Dass Ihr die Verantwortung tragt. Er hat mich verlassen. Du hast ihn mir weggenommen.«

Nina: »Und du?«

Sonja: »Ich leide. Ich weine. Leide und weine.«

Nina: »Du sollst tun, was du brauchst. Doch dann lass' Ruben frei.«

Sonja: »Ruben gehört zu mir.«

Nina: »Es ist nicht gut für ihn, in einem Klima von Hass, Leid und Trauer zu leben.«

Sonja: »Du bist grausamer, als ich es je hätte glauben können. Du willst mich zerstören, mir alles nehmen, was mir je wichtig war. Erst den Mann und jetzt das Kind.«

Nina: »Das kann ich nicht. Dein Mann ist gegangen und dein Kind kann nur gehen, wenn du es erlaubst.«

Sonja: »Das wirst du nicht erleben.«

Nina: »Dann trägst du die Verantwortung für die Schäden, die Ruben daraus erwachsen. Ein Kind braucht Fröhlichkeit, Liebe, Glück, Wärme und Sonne. Kannst du ihm das geben?«

Nina: »Das interessiert mich nicht. Ich werde nicht zulassen, dass mir alles genommen wird.«

Sonja: »Brauchst du nicht erst einmal Zeit, zu dir selbst zu finden? Möchtest du nicht die Gelegenheit nutzen, dir ein neues Leben aufzubauen? Ich halte dir den Rücken frei.«

Nina: »Das ganze Gegenteil, du stößt mir das Messer in den Rücken, sobald ich mich umgedreht habe. Du wirst zur Mutter – und was bleibt für mich?«

Sonja: »Viel Zeit und volle Kraft für dich selbst.«

Nina: »Das brauche, das will ich nicht. Ich will die Vergangenheit leben, die ich nicht lebte. Die Zukunft interessiert mich nicht. Ich habe zu sehr geliebt.«

Sonja: »Du liebst nur dich, sonst würdest du anders entscheiden.«

Nina: »Du hast kein Recht, zu richten. Dies war das letzte Mal, dass ich mit dir gesprochen habe. Ich werde dich hassen und daraus Kräfte schöpfen. Geh' jetzt, sonst rufe ich die Polizei.«

5.1. Nina

Wie viel Mal bin ich jetzt schon weggelaufen – und wieder zurückgekehrt?
Wie viel Mal habe ich geweint?
Ich zähle nicht mehr.
Ich erlebe Erniedrigung.
Erfülle Mutterpflichten, ohne Mutter zu sein. Kann doch nicht tatenlos bleiben, wenn Ruben da ist. Er ist noch so klein und hilfebedürftig.
Ich werde für die Mutter gehalten und will doch nicht immer verneinen müssen. Was bleibt, ist die Angst, auf die Frage ›Und das ist dein Kind?‹ ›nein‹ sagen zu müssen mit Ruben im Arm.
Mit Ruben am Jahrmarkt. Er fährt Karussell. Ich höre einen Verkäufer: »Luftballons, bunte Luftballons! Na, wo ist deine Mutti? Sie wird dir bestimmt einen Luftballon kaufen.«
Ein Stich durchs Herz.
Beklemmung, Verschämung.
Und wie geht es Ruben?
Oder Menschen, die zu mir sagen: »Um das zu beurteilen, muss man eigene Kinder haben.« Von diesen gibt es viele.
Ich bin eine Wochenendmutter ohne Rechte. Mit einer immer-noch-Ehefrau und einer immer-

Mutter im Hintergrund. Scheidung mit Kind kann dauern.
Ein Sklavinnendasein – auf Freiwilligkeit.

Ich schlug Max vor, ihn nur noch ohne Ruben zu treffen. Das hätte mir auch geholfen, weniger Schuld zu empfinden. Ich habe Angst, der leiblichen Mutter etwas wegzunehmen, was mir nicht zusteht. Ich komme mir vor wie eine Diebin.
Er hat kategorisch abgelehnt.

Es wäre einfacher, wenn Sonja und ich Freundinnen sein könnten. -Unmöglich, ich weiß das inzwischen.
Es geht um Max. Sie will ihn zurück, und ich will ihn auch. Ich will ihn ganz, Kompromiss nicht möglich.
Ich kann ihn nicht mehr verlassen.
Ich habe meine Freiheit verloren.

Am schwersten hat Max getroffen, dass sie ihm das Recht, gleichberechtigter Vater zu sein, verweigert. Sie gewährt ihm das Besuchsrecht für Ruben nur zwei Mal im Monat. Genaue Abhol- und Bringtermine, sonst gibt es Ärger. Am Sonntag ab Mittag wird Ruben inzwischen schon unruhig. Er wird zum Sachwalter der Interessen seiner Mutter. Dies zu sehen ist schmerzlich.

Max wird von Sonja bestraft. Ruben-Entzug, das Betreten der vormals gemeinsamen Wohnung verboten, Sonja spricht nicht mit ihm, dafür umso

mehr mit den vormals gemeinsamen Freunden, um klarzustellen, wer hier das Schwein ist.
Es geht um viel mehr als nur darum, dass sie Wut, Hass, Schmerz und Enttäuschung ausleben möchte. Würde sie ihm das Recht zugestehen, gleichberechtigtes Elternteil sein zu dürfen, bewirkte dies auch eine Höherstellung meiner Rechte. Ihre Bedrohung durch mich als Mutterrivalin wüchse.

Ich habe den Eindruck, sie würde ihn weniger strafen, wenn es mich nicht mehr gäbe. Er dürfte Ruben dann häufiger sehen. So kann sie sagen: »Was will er mit Ruben, er hat sicher Besseres vor.« - Sie hat dies bereits gesagt. Habe ich meine Freiheit für immer verloren? Mann und Kind ständig in der Hand einer anderen, die mir Böses will?! Für immer diese dritte, unbekannte Kraft, die gegen mich funktioniert!?

Dann der Schmerz, Ruben nicht erziehen zu können. Natürlich will ich ihm Gutes tun, will ihm Strukturen, Verhalten vermitteln, die ich für sein Leben als wichtig erachte. Schon jetzt kann ich merken, dass meine Ziele denen der Mutter in vielen Punkten entgegenstehen. Sie hat mit ihrer Erziehung sehr viel mehr Einfluss. Es ist völlig sinnlos, brächte Ruben in tiefe Konflikte, ihren Orientierungen grundlegend gegenzuhalten. So werde ich gezwungen bleiben, für mich Falsches zu akzeptieren, zu achten, zu nähren. Das schmerzt, doch ich denke, ich kann damit leben, Ruben zuliebe.

Wächterin
die der Vergangenheit dient

Gefangene
in den Mauern der Mütterlichkeit

Schuldige
wenn Du Dir Eigenes wünscht

Heuchlerin
Dir Eigenes schaffend
und es ›für Dich‹ benennend

Lächelnd
die Kraft von denen zu rauben
die doch die Deine brauchen

Wann wird dieses letzte Adelsgeschlecht der Freiheit zum Opfer fallen?

5.2. Max

Alles änderte sich, als klar wurde, dass ich nicht mehr zu ihr zurückkehren würde. Unter dem Schlachtruf der Frauenbefreiung wurde radikale Teilung vollzogen.

Die Auftrennung unserer materiellen Güter wurde von ihr vorgenommen. Sie stellte das, was mir ihrer Meinung nach zustand, vor die einstmals gemeinsame Tür.

Sie teilte auch Ruben zu. Da Ruben ihr gehört, wird er mir nach ihren Regeln geliehen: zwei Mal im Monat von Samstagvormittag neun bis Sonntagnachmittag siebzehn Uhr. Sie besteht auf Pünktlichkeit. Alles zum Wohl des Kindes, versteht sich.

Während der Zeit im Familienknast geht es darum, Ruben klarzumachen, wie schön es dort ist und wie viel Glück er mit seiner Wärterin hat. Wenn Ruben vom Wochenend-Ausgang zurückkommt, hat er Bericht zu erstatten. Darauf wird er mit falscher Freundlichkeit ausgerichtet.

So ist abzusehen, dass Sonja versuchen wird, auch in den kommenden Jahren in Ermangelung eines eigen gelebten Lebens an dem unseren teilzuhaben. Große Kraft wird sie darauf verwenden, sich aus Rubens Erzählungen ein Bild zusammenzupuzzeln, welches ihren Bedürfnissen weitestgehend entspricht.

Wieder und wieder wird sie Rubens Worte und eigene, jetzt nur noch minimale Erlebnisse mit uns Revue passieren lassen, bearbeiten, schneiden und anreichern, bis diese wieder passen. Der selbstgemachte Film wird in vielen leeren Stunden wieder und wieder betrachtet. Der Hass auf uns wird größer werden und nach Befriedigung suchen, die darin bestehen wird, uns schaden zu können - so weit sie dies noch vermag.
Sonja hat die Rolle der Richterin meines Lebens eingenommen. Sie kann mich vortanzen lassen, weil sie weiß, dass ich Ruben liebe. Sie wird versuchen, mich zu erpressen. Sie wird alles daran setzen, mich zu bestrafen und leiden zu lassen.
Wenn Ruben mich braucht, wird Sonja mich nicht rufen. Sie wird Ruben sagen, dass Papa jetzt eine andere Frau mehr liebt als uns. Vorher, als diese böse Frau noch nicht unser Leben zerstörte, war alles gut, leicht und schön. Wir waren glücklich. Schau dir die Fotos an.
Kult der Vergangenheit, symbolbeladen, um die Gegenwart noch grausamer erscheinen zu lassen. Je tiefer das Leiden, desto größer der Hass, der daraus wächst. Ich habe keine Macht, hierauf Einfluss zu nehmen.

5.3. Sonja

Schluss mit den Schmerzen!
Schluss mit der Trauer!
Schluss mit dem Leid!

Jetzt ziehen wir eine Grenze
Und nennen sie Vergangenheit

Jetzt bauen wir eine Mauer
Besuchsregelung auf Dauer

Wer meine Wohnung wann verlässt
Was uns künftig wie betrifft
Das bestimme ich

Bei mir herrscht Privateigentum
Was mich glücklich macht
Denn Eigentum ist Macht
Und Macht schafft Befriedigung

Freunde, Eltern, Familiengericht
In einem sind wir uns alle einig
Mutter und Kind zerreißt man nicht
Ihre Beziehung ist uns heilig.
Ein Kind gehört zu seiner Mutter
Wie der Apfel zum Apfelbaum
Ruben zu mir!

Ich wurde betrogen
Mit einer anderen Frau
Ich wurde verlassen
Vor aller Augen
Ich wurde verschmäht
Und weinte

Er hingegen
Ist nicht allein
Er muss nicht leiden
Hat sich in dieser Zeit der Qual
Lustvoll in Betten getummelt
Mit seiner neuen Gespielin
Vielleicht noch mit anderen Frauen!?

Wäre ihm Ruben wirklich wichtig gewesen, hätte er unser Scheidungsgesetz gekannt. Das Kind sollte bei der Trennung der Eltern in seiner gewohnten Umgebung verbleiben. Er hat es so gewollt. Er ist bei uns ausgezogen.
Sicher hatte er zu jener Zeit auch Besseres zu tun als in Gesetzen herumzublättern. Das ist jetzt die Quittung. Ich kann ihm nicht helfen. Er hat mir auch nicht geholfen.
Das erste Mal in meinem Leben möchte ich mich befriedigen. Sollte dies auf seine Kosten geschehen, kann er von mir kein Mitleid erwarten. Die ganze Zeit hat er auf meine Kosten gelebt.
Jetzt werde ich es sein, die hier Gesetze macht.

II. SATZ - NINA

1.1. Nina

Wieder verliebt. Nichts dazugelernt!? Nicht in der Lage, über längere Zeit alleine zu bleiben? Wegen der kalten Füße. Wegen des Übermaßes an Liebesdrang, der an den Mann gebracht werden muss.

Wie es ist? Ich vergesse die kalten Füße, selbst der Hunger vergeht mir, wenn ich ihn sehe. Ich verfalle in einen eigenartigen Zustand der Lähmung. Gebannt verfolge ich ihn, unfähig, meine Augen von ihm zu lösen. Eigentlich peinlich, aber es ist mir egal. Wenn ich mit ihm spreche, kann es passieren, dass ich zu stottern beginne. Fremdwörter bin ich plötzlich nicht in der Lage auszusprechen, und dann erröte ich vielleicht auch noch.

Ich habe mich dazu entschlossen, diesen Zustand hinzunehmen. Da ich annehme, dass mein Körper den Gesetzen der Selbsterhaltung gehorcht, nehme ich seine Signale ernst. Ich bin unruhig. Nur mit Mühe gelingt es mir, mich zu konzentrieren. Das Maß an Leidenschaft, das ich sonst in meine Arbeit leite, ist erheblich gemindert.

Er okkupiert mich. Von allen Seiten. Jetzt schon völliger Sieg. Widerstand? Nicht gewollt, da Angriff so reizvoll.

Ich wäre ihm nicht verfallen, wenn nicht seine Blicke wären. In den Minuten der Zweisamkeit, die selten waren, ließen mich seine Augen teilhaben an seinem Leben.

Und dann gab es diesen Moment, in dem er mir sein Verlangen zeigte. Alles veränderte sich. Er stieß eine Tür auf, die sich kaum wieder schließen lässt. Bei jedem Wiedersehen, schon in Erwartung desselben, schon in Gedanken an ihn feuchte Hände, diese kreisrund flächenartig sich verbreitende Mischung von Magnetismus und Elektrizität.

Verlangen erzeugt Verlangen.

1.2. Max

Nina sieht fabelhaft aus. Eine Lady, dazu noch charmant. Sie ist klug und hat Witz. Sie bemüht sich, erfolgreich zu sein. Sie ist meine Traumfrau.

Sie geht mir nicht aus dem Sinn – doch ich halte diesen Prozess unter meiner Kontrolle.

Ich bin glücklich, wenn ich mit ihr zusammen bin. Dabei vergesse ich Frau und Kind. Mehr noch, es entsteht ein Prozess, in dem sie mir beide weniger wichtig werden.

Nina wird mir zunehmend wichtig, und damit verblasst, was bisher war. Ich kann deswegen keine Schuldgefühle erzeugen, weil ich dafür zu glücklich bin.

Sie macht mich fröhlich. Ich möchte mit ihr zusammen sein.

Ich bin verliebt.

1.3. Sonja

Wann kommt er? Die Zeit wird mir lang. Wir sehen uns seltener, immer seltener. Die Arbeit hat ihn ganz für sich eingenommen. Ist sein Verlangen nach mir geringer geworden? Als ich ihn fragte, verneinte er. Es sei die Arbeit, die viele Arbeit. Ich glaubte ihm. Und glaube ihm immer noch. Und doch ist es schmerzlich, so selten mit ihm zusammen zu sein. Er ist mein vitaler Draht nach außen. Niemand und nichts kann ersetzen, selbst im Beruf zu stehen.

Dann ist da noch Ruben, mein Sohn. Er macht mich glücklich. Gerne bin ich mit ihm zusammen. Doch kann er kein Partner sein. Er ist ein Wesen, das wächst und dazu meiner Hilfe bedarf. Er ist mir ans Herz gewachsen. Doch kann er nicht die Leere ausfüllen, die Max bei mir hat entstehen lassen, seit er viel zu wenig Zeit für uns hat. Ich sollte mich mit mir selbst beschäftigen. Dazu fehlt mir die Kraft. Ich sollte mich mit der Welt beschäftigen, doch nichts reißt mich aus dieser inneren Lethargie. Ich sollte mir eine Arbeit suchen. Das würde auch unserer Familienkasse helfen. Stattdessen erwarte ich, dass Max das Geld nach Hause bringt. Ich bin bequem.

1.4. Nina

Er kommt.
Es klingelt. Der Ton geht durch und durch.
Seine Schritte im Treppenhaus. Er steht in der Tür. Er lächelt. »Hallo!« Seine volle, männliche Stimme scheint durch die Wohnung zu schallen. Ist er verlegen?

Eine Pause entsteht. Ich werde nervös. Ich versuche, ihn dies keinesfalls merken zu lassen. »Welche Musik magst du hören?«, frage ich. »Jazz«, antwortet er.

Als ich mich für meine Lieblingsmusik entscheide, fühlt es sich an, als ob die Musik mich verrät. Jeder Ton ein Stück von mir. Ich beobachte unauffällig, wie er auf meine Musik reagiert. Er nimmt sie ernst. Das beruhigt mich.

In dem Ausmaß, in dem ich erkenne, dass die Töne ihn berühren, berühren sie mich. Sie versetzen mein Innen und Außen in Schwingung. Sie verbinden mich mit ihm.

Ich hole den Kaffee. Als ich das Wohnzimmer wieder betrete, erforscht mich sein Blick. Das Tablett fällt mir fast aus der Hand. Eine heiße Welle erfasst mich und verschleiert mir den Blick. Mechanisch stelle ich das Tablett auf den Tisch und setze mich neben ihn. Ich weiß nichts zu sagen. Der Zustand schmerzt. Ich bin gelähmt und erfüllt. Er sagt: »Du bist schön«. Ich fühle mich hilflos und glücklich.

1.5. Max

Es war ein Fehler, so viel zu essen. Nun bin ich müde und schlapp zur besten Tageszeit anlässlich des Höhepunktes der Woche. Vielleicht habe ich vor Aufregung so übermäßig viel in mich hineingestopft. Ich fahre, sie zu besuchen. Nina.

Ich werde pünktlich sein. Etwas nervös. Eben bin ich von der Kupplung gerutscht. Seit der Fahrstunde ist mir dies nicht mehr passiert. War genau richtig. dass ich heute beim Stadtarchitekten war. Jetzt kann ich den Bauantrag stellen. Wird nur noch zu klären sein, ob ich es wirklich schaffe, mit dem Anbau unter einer Million zu bleiben.

Schönes Wetter heute. Reizt direkt, spazieren zu gehen. Habe ich lange nicht mehr gemacht. Habe mir keine Zeit mehr genommen, höchstens den Hund ausgeführt. Immer unterwegs. Habe schon manches Mal erwartet, dass Sonja mir den Kram vor die Füße wirft. Macht sie aber nicht. Sie liebt mich, sagt sie. Schön.

Ruben kann jetzt richtig sprechen. Stellt schon interessante Fragen. Denkt mit. Ist ernsthaft. Um ehrlich zu sein, ich bin vernarrt in ihn. Könnte alles für ihn tun.

So, hier ist es. Rheinstraße 10. Modernes Gebäude. Zweiter Stock. Nina Andersen. Allein der Name – nah und fremd zu gleich.

Ob sie sich freut, mich zu sehen? Ich kann mir vorstellen, dass ich ihr gefalle, aber sicher bin ich mir nicht. Vielleicht geht es ihr wirklich nur um das Computerprogramm. Ist ja auch in Ordnung. Ich erwarte nichts. Es ist einfach schön, mit ihr zusammen zu sein.

Über meine Initiative, ihr das Programm zu Hause zu installieren, war ich selbst überrascht. War ein spontaner Vorschlag – und ich bin selten spontan. Hätte ich es vorher planen müssen, hätte ich wahrscheinlich versagt. Dann hätte ich keine Zeit gehabt – nur Zeit für Geschäftstermine, damit überhaupt noch etwas übrig bleibt für meine Familie.

Warum liegt die Sache hier anders liegt!? Das liegt an ihr. Sie ist anders.

Ich habe den Treppenabsatz erreicht. Sie steht in der Tür und lächelt mich an. Was will ich mehr?
Ihre Wohnung ist hell und geräumig. Ich nehme auf der Couch Platz und freue mich auf den Kaffee, den sie machen wird. Müde bin ich nicht mehr.

Sie legt Musik auf und setzt sich neben mich. Diese Frau hat eine enorme Anziehungskraft. Nina hat mich vom ersten Moment an interessiert. Der

Chance, sie näher kennen zu lernen, wollte ich nicht widerstehen.

Sie schaut mir in die Augen.

1.6. Sonja

Sieben Jahre ist es her, dass Max sich in mich verliebte. Es war offensichtlich, dass ihn nicht nur mein Äußeres, sondern ich als Mensch, als Persönlichkeit anzog. Er gefiel mir auch, und wir wurden bald ein Paar. Wir wollten beide das Studium beenden.

Ich weiß nicht, wie und wann es begann. War es meine Schwäche? Ist es meine Gutmütigkeit? Versuche ich, hier mein schlechtes Gewissen abzuarbeiten? Schlechtes Gewissen weswegen? Irgendwann jedenfalls, wir wohnten bereits zusammen, übernahm ich zunehmend mehr von der Hausarbeit. Ohne äußeren Zwang. Innerlich wehrte ich mich dagegen. Ich war ihm ab und zu böse, weil er so wenig im Haushalt tat. Konnte ihm aber nicht böse sein, weil ich die Mehrarbeit freiwillig übernommen hatte. Er, nun bereits von mir verwöhnt, packte von selbst bald gar nichts mehr an. Ich musste ihm immer die Anweisung geben. Dieses aber liegt mir gar nicht.

Da ich es selbst nicht mag, wenn mir Leute Vorschriften machen, möchte ich dies auch anderen nicht widerfahren lassen. Das ist ein Problem, Ruben betreffend. Ich kann es förmlich riechen, wie er meiner Befehle bedarf, und bringe sie doch nicht über die Lippen. Die Folge ist, dass Ruben mir überhaupt nicht gehorcht. Oft bin ich verzweifelt.

Ohne Zwang und Plan wurde ich irgendwann schließlich Hausfrau und Mutter. Während Max als Architekt Karriere macht, wasche ich seine Hemden. Dies tue ich einerseits mit einem Gefühl der Wärme und Zuneigung ihm gegenüber. Andererseits kann ich die Gegebenheit nicht völlig vergessen, dass auch ich im Berufsleben stehen und Geld verdienen könnte. Ich mache niemandem einen Vorwurf, auch mir selbst nicht – doch es schmerzt. Schmerzt besonders, wenn ich Frauen, womöglich Freundinnen treffe, die Karriere machen. Einfacher wäre es für mich momentan, wenn alle Frauen Hausfrauen wären!

In dem Maße, in dem ich mich auf Familie und Haushalt orientierte, nahmen Sachinhalte in meinem Leben ab. Es war offensichtlich, dass ich nicht mehr über Krieg und Umweltverschmutzung mitdiskutierte, wenn Ruben gerade die Tassen aus dem Regal zu räumen versuchte – es war meine Verantwortung, ihn davon abzuhalten – und ich konnte Max noch nicht einmal motivieren, mich zuweilen abzulösen, da ich so schlecht um etwas bitten kann.

Ich wurde zwangsläufig oberflächlicher. Immer wieder galt es ja, aufzuspringen und irgendetwas zu tun. Nur spät am Abend – und das ist selten genug, da Ruben nie müde wird und nicht im Bett bleibt, eben weil er mir nicht gehorcht - habe ich manchmal noch Zeit, mich mit etwas wirklich eingehend zu beschäftigen, und dann bin ich meistens müde.

Ich bin in den Zustand der Abhängigkeit gerutscht. Arbeitsmäßig bin ich abhängig von meinem Sohn. Finanziell bin ich abhängig von meinem Mann. Gefühlsmäßig bin ich abhängig von der Zuneigung beider und von der Wertschätzung all unserer Freunde und Verwandten. Ich, eine erwachsene Frau.

Meine jetzige Lage hat mein Selbstbewusstsein stark schrumpfen lassen. Ich orientiere mich mehr denn je an den Regungen meiner Umwelt. Es scheint mir, als ob jeder Zuneigungsbeweis von Bekannten meinem Mann gegenüber ein Schlag gegen mich ist.

Warum baue ich mich gegen ihn auf?
Weil ich nicht in völlige Abhängigkeit geraten möchte!
Ich kann mich aus dieser Zwangsmühle nicht befreien, obwohl mir dies alles bewusst ist.

1.7. Nina und Max

(Nina): Deine Stimme
Berührt mich vollkommen

(Max): Wenn Du mich rufst
Kann ich nicht widerstehen

(Nina): Du hast in mir
Gestalt angenommen

(Max): Wenn Du mich anschaust
Bleibe ich stehen

(Nina): Du gibst mir Licht
Das meinen Weg erhellt

(Max): Du bist die Luft
Die mich am Leben erhält

2.1. Nina

Wochen geht das jetzt so. Wir sehen uns. Wir freuen uns. Wir küssen uns – und ansonsten läuft alles so, wie es immer lief.

An mir nagen Zweifel.
Ist er fair seiner Frau gegenüber?
Werde ich von ihm ausgenutzt?
Betrügt er mich mit ihr?
Wird er sich von ihr trennen?
Soll er sich von ihr trennen?
Kann ich wollen, dass er sich von ihr trennt?
Ist es nicht sündhaft, wenn ich wollte, dass er sich von ihr trennt?
Kann ich vor meiner Familie bestehen?

Zweifel verzehren Lebenskraft. Ich fühle mich ausgelaugt und oft deprimiert, dann wieder, wenn ich mit Max, oft auch mit Max und Ruben zusammen bin, so glücklich, dass ich dafür alles in Kauf zu nehmen bereit bin, zumindest in diesen Momenten.
Zunehmend dränge ich Max, mit seiner Frau über unser Verhältnis zu sprechen. Allein schon die Vorstellung, dass der kleine Ruben von mir erzählen könnte, versetzt mich in Panik.
Manchmal gibt es auch Grund, ihn anzurufen, und sie ist am Telefon. Sie ist so freundlich zu mir. Ich fühle mich schauderhaft.

2.2. Sonja

Ist etwas anders geworden? Eigentlich nicht. Ich bin unruhig. Ruben ist unruhig. Max ist unruhig. Bin ich der Ausgangspunkt?
Sollte ich mich endlich um eine Beschäftigung bemühen? Ich habe mich hängen lassen in letzter Zeit. Es bestünde die Möglichkeit, eine Arbeit zu finden.
Bin ich bequem, gar ängstlich geworden? Ist nicht der Wunsch nach einem zweiten Kind Produkt genau dieser Grundeinstellung? Will ich denn wirklich ein zweites Kind? Ist es wirklich mein Wunsch, noch weitere Jahre Hausfrau zu bleiben?
Bin ich als Frau für Max überhaupt noch reizvoll? Warum nähert er sich mir nicht mehr?
War das früher anders oder war nur ich es, die anders war? Übt er denn noch die nötige Anziehungskraft auf mich aus? Bin ich noch verliebt in ihn?
Verunsichert bin ich. Verliebt vielleicht nicht mehr.
Doch das kann wiederkommen – oder?
Dass ich zu viel um die Ohren habe, kann ich nicht behaupten. Aber ich fühle mich so.

2.3. Max

Einmal muss ich es Sonja sagen – oder aber mit Nina brechen.
Beides scheint mir unangenehm, Letzteres aber nicht möglich zu sein.
Einmal wird Sonja es doch erfahren – je früher, desto geringer der Groll gegen meine Unterschlagung. Obwohl Sonja keine solche ist, die für Ehrlichkeit dankbar ist. Dafür liebt sie zu sehr die Bequemlichkeit.
Ihr das zu sagen, was ist, bezieht sie in mögliche Weichenstellungen ein. Das ist mir angenehm, denn ich bin mir nicht sicher, ob und welche Entscheidungen getroffen werden müssen. Ich habe es bisher eher den Frauen überlassen, sogenannte Herzensdinge zu regeln.
Die Liebe habe ich bisher eher praktisch betrieben, Weltanschauung und Philosophie blieben auf Politik und Wirtschaft beschränkt. Damit bin ich gut zurechtgekommen, und es gibt für mich keinen Grund, meine prinzipiellen Haltungen aufzugeben. Also lasse ich den Dingen ihren Lauf und treffe Entscheidungen dann, wenn sie mir notwendig erscheinen. Es ist optimal, aufgrund einer Fülle von Informationen die Weichen zu stellen. Die Treffsicherheit wird dadurch enorm erhöht.

2.4 Nina

Ich dachte, wenn Sonja ›es‹ weiß, verändert sich alles, Nun weiß sie ›es‹, und alles ist gleich geblieben. Ich fühle mich als Geliebte mehr denn je entwürdigt. Ich fühle mich als billiges Kindermädchen ohne Rechte missbraucht. Ich empfinde mich als fünftes Rad am Wagen. Ich möchte da raus!
Dann wieder liegt er vor mir auf den Knien. Dann wieder küsst er mir jeden meiner Finger, entführt und berauscht mich zum Wochenende. Wie soll ich da widerstehen?
Ich bin hin und her gerissen in Liebe und Schmerz.
Wenn ich darüber mit anderen reden möchte, höre ich immer nur eine Antwort: beende den Schmerz, indem du dich ihm entziehst. Niemand möchte mich wirklich verstehen, weil diese Gedanken dann weh tun.
Immer mehr gerate ich so in Einsamkeit. Das macht mir nichts aus, doch es erhöht das qualvolle Verlangen nach Max. Das peinigende Bedürfnis, dass er kommt. Bald kommt. Oft kommt.
Schon der Beginn eines Traumes von einem Leben mit ihm misslingt. Ruben erscheint vor meinen Augen. Er ist nicht mein Sohn. Er kann mein Freund sein. Doch ›Mama‹ wird er immer eine andere rufen. Ich kann nach ihm verlangen, doch habe kein Recht darauf, ihn zu sehen. Ich kann ihn

zu lieben beginnen, doch muss akzeptieren, dass ich ihn möglicherweise und plötzlich völlig verliere. Welche Rolle kann ich in seinem Leben spielen? Und Max: kann ich ihn seiner Frau entziehen, mit der er Jahre verbrachte? Hätte er sie geheiratet, wenn er sie je zu verlassen beabsichtigt hätte?
Kann ich seine Familie zerreißen? Was werden seine Eltern, was wird Ruben mir gegenüber empfinden? Was werden seine, meine Freunde sagen?
Kann Max mit mir denn glücklich werden? Ich habe es doch mit keinem Mann lange ausgehalten. Ich kann ihm gar nichts versprechen.
Bin ich nicht viel zu unreif für ihn? Bin ich nicht eine hoffnungslose Intellektuelle, die Männern nur das Leben zerquatscht?
Ich sollte ihn vielleicht nicht mehr treffen.

2.5. Sonja

Inzwischen bin ich der Meinung, dass mir das alles recht geschieht. Was war ich auch so blöd, mich in Abhängigkeit zu begeben! Dann frage ich mich wieder, ob mir dies auch widerfahren wäre, wenn ich mich in wirkliche Abhängigkeit begeben hätte. Ich habe mir doch immer die Tür zur Berufstätigkeit offen gehalten.
Ach was! Damit hat das gar nichts zu tun! Vielmehr wird es so sein, und das ist eine eher grausame Variante meiner Denksportübungen, dass er sich nicht in eine andere verliebt hätte, wäre ich die Staranwältin geworden, die ich eigentlich werden wollte. Er hat es immer gebraucht, dass ihm jemand Paroli bietet. Er hat sich immer mal gerne an jemanden angelehnt. Bei mir war das nicht mehr möglich, ich brauchte ihn selbst zu sehr.
Ist es jetzt zu spät? Kann, soll ich noch um ihn kämpfen? Wer ist diese andere Frau? Ist es wichtig für mich, sie zu kennen?
Erschütterung, panische Angst überkommt mich, wenn ich es wage, mir vorzustellen, dass er nicht mehr mit mir zusammenlebt. Ein schwarzes Loch.
Was wird mit Ruben? Kann oder will oder soll ich mich von ihm ebenfalls trennen? Wo soll er leben? Weiter bei mir? Ist das gut für ihn? Gut für mich? Ständig an ihn erinnert zu werden?

Und schließlich: was will ich selbst? Was will ich wirklich? Will ich so weiterleben wie bisher?
Ich möchte ihn nicht verlieren. Er war immer mein Freund.

2.6. Max

Alles ist plötzlich in Frage gestellt. Was soll ich tun?
Für mich am bequemsten ist es, alles zu lassen, wie es ist. Unter normalen Bedingungen würde ich dies gerne tun. Es gibt nur eine Variable, die unbedingt dagegen steht: Nina wird das nicht akzeptieren. Sie stellt mich vor die Entscheidung: Sonja oder ich.
Meine Frau wird nicht um mich kämpfen. Dies könnte unsere Ehe retten. Sonja wünschte sich immer einen Mann, der ihre Wünsche von den Augen abliest – und auch erfüllt.
Ich kann nicht gegen mich selbst die Waffen erheben, die Liebe zu Nina in mir töten, die mir solche Kräfte gibt. Wenn Sonja mich als Stellvertreter ihrer Interessen sieht, hat sich schon verloren.
Ich habe Sonja nie kämpfen sehen. Einen Kampf zu beginnen bedeutet immer, ihn verlieren zu können. Sonja will weder verlieren noch siegen. Sie meidet den Kampf, um nicht verletzt zu werden, und schwächt sich somit Tag für Tag. Es schmerzt mich sehr, dies zugelassen zu haben. Doch hätte ich es ändern können?
Nina nicht mehr zu sehen, will verkraftet sein. Kann Sonja mir dabei helfen?
Unsere Ehe ist am Ende. Ein Ende mit Schmerz statt Schmerz ohne Ende. In jedem Ende liegt ein Neubeginn.

2.7. Nina und Max

Max: Heute ist der Tag gekommen
An dem ich bei dir um Unterkunft bitte.

Nina: Jetzt, da du mich beim Wort genommen
versetzt mein Herz mir heftige Tritte

Nina: Drei Menschen
Ein Leben
Ich bin noch so jung

Max: Ich will es versuchen

3. Nina

Jetzt leben Max und Ruben
bei mir
Alles könnte so einfach sein
Oft sind wir
auch glücklich hier
Niemand von uns
fühlt sich jemals allein

Doch ich kann
die Sorgen nicht leugnen
die mich um Rubens Mutter verfolgen
Und auch nicht
das schlechte Gewissen
Ihr Mann und Kind entrissen zu haben

Oft denke ich
es wäre besser
mit ihr das Gespräch zu suchen
Dann kommt wieder
der große Zweifel
ob das für mich von Vorteil wäre

Ob nicht meine Eifersucht
auf die verborgene Unbekannte
durch ihre Bekanntschaft
größer würde

Ob nicht meine Angst
vor der fremden Vergangenheit
durch den Vergleich
quälender würde

Ob nicht meine Zweifel
an den gefällten Entschlüssen
durch das Wissen
um ihre Konsequenzen für alle
größer würden

Ich kann auch den Zorn nicht verleugnen
der mich ob Rubens Verhalten peinigt
meine Verbitterung nicht unterdrücken
ständig mit der leiblichen Mutter
um Erziehungsprinzipien zu rangeln
gewollt, nicht gewollt, unvermeidlich

Händewaschen und Tischmanieren
Weinen oder widerstehen
Unterhemd unter Schlafanzug?
Türen schließen, Fenster öffnen

Wenn sich Ruben dann anders verhält
Als wir es vorher ausgemacht
dann höre ich meine innere Stimme
»Von der Mutter umorientiert!«

Oder nicht!?
Woher soll ich wissen
Wenn ich sie überhaupt nicht kenne
In welche Richtung sie Ruben lenkt

Ruben betreffend
toleriere ich folglich vieles
um ihn nicht in Konflikte zu stürzen
nicht wissend
ob dies wirklich richtig ist
Zustände manifestierend
die mich schmerzen

Und ich beginne
ständig über Vergangenheit nachzudenken
Warum macht er dies?
Warum sagt er das?
Konfrontiere Max mit meinen Fragen
was Streitigkeiten heraufbeschwört
Bitte ihn
auf Sonja einzuwirken
was er ablehnt
verständlicherweise

Verhalte mich unvernünftig
Und kleinlich
Ohne mich davon lösen zu können

Sonja!
Die große Unbekannte
Die tiefe Schuld
Die bewusste Schuldhaftigkeit
Die mein Leben beschattet

Für immer?

Sonja, verzeih' mir!
Ob meines fehlenden Verzichts
Ob meines mangelnden Weitblicks

Zu spät

Die Frage nach Alternativen
Sinnlos
Das Leben hat entschieden
Was bleibt, sind Fragen

Warum?
Weshalb?
Woher?
Wohin?
Wer?
Und wie?
Und was?
Wie lange?
Wie viel mal?

Bis zur Befriedigung

4.1. Nina und Ruben

(Nina): Ich kenne dich jetzt schon so lange
Und ich liebe dich so sehr
Anfangs war es mir vor nichts bange
Selbst der Abschied fiel mir nicht schwer

Etwas ist zwischen uns getreten
Und lässt uns beide nicht mehr los
Wir können auch nicht darüber reden
Unser Schmerz bleibt beständig groß

(Ruben): Mama hat geweint
»Papa kommt nicht zurück
Wegen Nina«
Mama ist traurig
Und allein

4.2. Sonja und Max

Sonja: »Ich habe den Neubeginn versucht
Du hast mir dabei geholfen
Vieles habe ich erreicht
Persönlich aber bin ich gescheitert

Ich habe eine Stelle gefunden
Habe mich hier auch eingelebt
Habe neue, nette Kollegen

Ich habe unsere Freunde besucht
Über unsere Ehe gesprochen
Sie sind weiter Freunde

Ich habe meiner Familie berichtet
Über deine neue Liebe
Sie drückten Verständnis, Mitleid aus

Womit niemand klarkommt
Niemand, niemand, mich eingeschlossen
Ist die Tatsache,
Dass du mir Ruben genommen hast.«

Max: »Ich dir Ruben genommen!?
Wir haben gemeinsam entschieden!

Ihm fehlt es an nichts bei uns
Und du kannst ihn sehen
Wann immer du willst

Ich habe Dir dadurch doch erst
Eine systematische Arbeitssuche ermöglicht
Den Start eines neuen Lebens aus eigener Kraft

Was sage ich ›ich‹
Nina und ich
Denn oft ist es Nina
Die Ruben behütet.«

Sonja: »Jetzt habe ich Arbeit
Jetzt habe ich neue Kraft
Jetzt kann Ruben auch wieder bei mir leben
Und an der Arbeitsstätte
gibt es einen Kinderhort.«

Max: »Du stellst alles in Frage?
Verstehe ich richtig?
Und wenn ja, warum?«

Sonja: »Eine Mutter ohne ihr Kind
Ist immer noch kaum denkbar
Ich ertrage dieses Mitleid nicht mehr

Ich bin kein Mensch
Der gegen den Strom schwimmt
Ich kann nicht mehr
Gib mir bitte Ruben, bitte,
damit ich in Ruhe leben kann

Mehr verlange ich nicht.«

4.3. Nina und Max

Nina: »Jede Chance bietet dir das Leben
gewöhnlich nur einmal.
Du willst aufgeben,
worauf du jetzt einen Rechtsanspruch hast?«

Max: »Ich kann ihr Recht als Mutter nicht
negieren.«

Nina: »Und Dein Recht als Vater?«

Max: »Ist nicht das Gleiche.«

Nina: »Und ich?«

Max: »Wir können Ruben wochenends sehen.«

Nina: »Und Ruben?
Willst du ihn nicht wenigstens fragen?«

Max: »Er ist noch zu klein dazu.«

Nina: »Und später?
Wenn er dir später Vorwürfe macht?«

Max: »Ich kann mich um Ruben nicht streiten.
Seine Mutter verlangt nach ihm
Dagegen bin ich völlig machtlos.«

Nina: »Max!«

5.1. Sonja

Ich wurde von einer Last befreit
Die meine Kräfte überstieg
Ich bin dafür zu danken bereit
Und erachte dies nicht als Sieg

Ich weiß, dass andere Opfer brachten
Für ihr Leben ein ernster Schnitt
Werde versuchen, dieses zu achten
Weil ich selbst diese Lage erlitt

Max, dass du dich verständig gezeigt
Hat uns alles leicht gemacht
Du hast Dich meinem Willen gebeugt
Denn Du weißt um meine Macht

Freunde, Familie auf meiner Seite
Noch gilt hier das Mutterrecht
Der beste Vater lebt mit allen im Streite
Geht es einmal der Mutter schlecht

Nur wenn die Mutter gesetzlos lebt
Abnorm lüstern die Regeln verletzt
Wird erlaubt, dass das Vaterherz bebt
Sich in Besitz des Sorgerechts setzt

So lass uns weiter Freunde sein
Du warst fair
Es soll dir nicht zum Schaden sein

5.2. Max

Nun also finde ich wieder mehr Zeit
Für meine Hobbys
Für meine Arbeit

Ich war zu Kompromissen bereit
Hinsichtlich Ruben
Hinsichtlich Geld
Für ihn und Sonja

Ich erwarte keinen Dank
Dafür bin ich zu erfahren
Werde nur einfach glücklich sein
Mit so wenig Problemen
Wie möglich

Nina hat viel für mich geweint
In dem Versuch, sie zu trösten
Konnte ich nur versichern
Dass der Schmerz jedes Jahr
Ein wenig abnehmen wird

Bis Ruben alt genug ist
Selbst zu wissen
Was ihn glücklich macht

5.3. Nina

Max, Optimist, Dummkopf!
Was Ruben schön findet,
Was Ruben glücklich macht
Kommt doch nicht von innen
aus ihm heraus
Sondern das lernt er

Und wenn Sonja ihm
nur Spaghetti zu essen gibt
Dann mag er keine Leberwurst
Dann verzieht er die Nase
beim Thunfisch

Und wir
wir müssen dagegen kämpfen
dass er nur noch Spaghetti will
zum Beispiel

Wenn Ruben nichts anderes kennt
als in seiner Freizeit Fernsehen zu schauen
Dann wird er beim Fernsehen
Glück empfinden
– und es bei uns nicht mögen
weil wir keinen Fernseher haben!
Max, Optimist
Und doch hast du Recht
Wie die Motten das Licht
Umschwirren die Menschen das Glück

Und die Menschen
Die sie glücklich machen

So einfach ist das?

Vielleicht.

Wir werden sehen.

III. SATZ – MAX

1.1. Max

Selten sind die Momente vollkommenen Glücks. Mich betreffend haben sie im Laufe der Jahre zugenommen. Ich kann mein Leben in immer stärkerem Maße selbst bestimmen und damit das Ausmaß mich befriedigender Tätigkeit.
Ich suche, für mich einen Zustand der Harmonie zu schaffen, Harmonie zwischen innerer, äußerer Welt, zwischen dem, was ich gerne möchte und dem, was ich muss. Ich habe mich darauf hinbewegt, das Muss gern zu tun; andererseits gestalte ich dieses Muss meinen Wünschen entsprechend so weit wie möglich.
Vorausschau auf befriedigendes Schaffen bringt mir ein Glücksgefühl. So jetzt. Ein neuer Auftrag eines alten Kunden, der nicht kleinlich ist. Ein Freizeitprojekt. Bauleitung, Ablaufplanung werden von Spezialisten übernommen. Das bürgt für Perfektion. Der architektonische Teil samt Leitung bleibt bei mir – dies steht für den Traditionen verpflichtete Innovation.
Champagner.
Ich möchte gerne mit Nina anstoßen. Nina Andersen. Ihr Atelier ist hier ganz in der Nähe. Wir können dann unser Streitgespräch vom letzten Mal zu Ende führen: Krise des Patriarchats im einundzwanzigsten Jahrhundert.

Sie geht davon aus, dass das Patriarchat an sich Kriege produziert. Alle Kriege dieses Jahrhunderts sind in ihren Augen Produkte des Patriarchats.
Ich stellte dagegen, dass ein intaktes Patriarchat jeden Krieg verhindert hätte. »Der Mann ist durch die gesellschaftliche Arbeitsteilung, – Frauen: Familie, Männer: die äußere Welt – bereits zum Krüppel geworden, indem er die ihm Anvertrauten, seine Söhne, Töchter in den Krieg ziehen lässt, zumindest dann, wenn er den Krieg beginnt. Der Wunsch nach Krieg ist krankhaft.«
»Patriarchat ist Krankheit!«, antwortete sie darauf vehement. »Der Vater macht den Sohn zum Mörder, um seine Herrschaft zu erhalten!«
Für mich ist Patriarchat immer noch eine realistische Herrschaftsform, die mit der bürgerlichen Demokratie auch noch langfristig Zukunft hat. Dies möchte ich ihr gerne erläutern.

1.2. Sonja

Ich überlege gerade, dass ein Immobilienhändler vor zwanzig Jahren seine Daseinsberechtigung immer wieder legitimieren musste. Studenten waren besonders schlecht auf diesen Berufszweig zu sprechen, obwohl, vielleicht deshalb, weil sie ihn besonders in Anspruch nehmen mussten. Inzwischen ist das ganz anders geworden. Ich treffe auf Dankbarkeit, wenn ich statt fünf nur drei Prozent Provision verlange. Früher waren die Leute bei zwei Prozent schon verstimmt. Es fehlen eigentlich nur noch die Dankesgeschenke, dann kann ich mich in die Reihe von Ärzten und Pfarrern eingruppieren.

Es macht Spaß, durch die Jahre immer mehr Kontakte, dadurch Geschäfte, immer mehr Strukturen, das heißt Effizienz, immer treuere Partner, Lebensqualität zu gewinnen. Kontinuität und Erfahrung lassen bessere Resultate erzielen.

Immobilien allein sind mir inzwischen nicht mehr reizvoll genug. Letztlich handelt es sich bei ihnen um für mich relativ unveränderliche, tote Materie. Zunehmend interessiert mich Kunst.

Nach und nach reizte mich der Wunsch, Kunst vermarkten zu wollen. Ich begann mit traditionellen, möglichst den breiten Geschmack treffenden Werken. Zusammen mit der Immobilie bot ich sie, falls mir dies aussichtsreich und passend erschien, den potentiellen Interessenten an.

Durch die Vermittlung von Freunden beschäftige ich mich jetzt seit geraumer Zeit mit moderner Kunst. Dies hat mich noch bekannter gemacht.

Meine persönliche Entdeckung heißt Nina Andersen. Ihre Werke verkaufen sich am besten, vielleicht auch, weil ich sie selbst sehr mag. Nina drückt Gefühle aus, die auch die meinen sind, gestaltet Bilder, die ich verstehen kann.

Vor kurzem knüpfte ich Kontakt mit einem Innenausstatter. Durch die Zusammenarbeit mit ihm kann ich meinen Kunden noch mehr Service bieten. Die Immobilie wird im Prozess des Kaufs nach ihren Wünschen gestaltet.

Werden schließlich Leistungen eines Architekten benötigt, so kann ich den Kontakt zum Büro meines Mannes vermitteln. Hier hat sich die Zusammenarbeit schon bis zur Perfektion entwickelt. Ich kann Pauschalpreise inklusive Architekturleistung bieten, was die Kunden sehr schätzen.

Weint da Ruben? Sein Mittagsschlaf ist doch eigentlich noch nicht vorbei!?

1.3. Nina

In den letzten Monaten habe ich mich vor allem mit der Farbe orange beschäftigt. Ich habe versucht, ihr alle Nuancen zu entlocken, die ich finden konnte. Es war sehr schwierig, in orange das auszudrücken, wonach ich strebe. Ich vermochte zum Beispiel nicht, mit orange die Nacht darzustellen. Dies ist mir inzwischen gelungen, wiewohl dies sicher nicht alle Menschen erkennen können.
Schwarz ist ein guter Kontrast zu orange. Schwärze gibt Tiefe. Die Augen von Max zum Beispiel. Seine schwarzen Haare. Sichtlich Motive, die mich inspirieren.

1.4. Max

Das erste Mal, als ich Nina traf, war sie betrunken. Ihr damaliger Freund war sichtbar verärgert. Ihr war das egal. Dann hat sie wild getanzt - mich hat sie auch aufgefordert - bis sie auf der Couch einschlief. Ich dachte damals: »Sie ist nicht glücklich!« Als ich sie das zweite Mal sah, war sie nüchtern und still.

Damals war es wohl, als dieses Gefühl der Vertrautheit begann. In Debatten, Gesprächen, bei Spaziergängen, Partys – wir lagen einfach auf einer Wellenlänge – zumindest empfand ich das so. So freute ich mich immer mehr darauf, sie zu sehen. Ich vermute, dass sie ähnlich empfindet. Als wir uns vor kurzem verabschieden wollten, es war schon spät, sie hatte Sonja und mich zu Hause besucht, wurde aus dem üblichen Abschiedskuss fast übergangslos der Beginn eines Liebesaktes.

Gedanken, Träume beginnen mich zu beschäftigen: sie zieht sich aus. Sie küsst mich. Sie liegt in meinen Armen. Unser Liebesspiel erscheint mir vollendete Zärtlichkeit.

1.5. Sonja

Max und ich sind eins
Ineinander verzahnt unser Leben
Meine Gefühle in ihm verwoben
Und ich will es so!

Es macht mich glücklich
Auf ihn zu bauen
Mit ihm zu leben
Max!
Mein bester Freund

Nina fragte mich
Ob unser Leben
vollkommen sei

Etwas fehlt

Elektrizität
Magnetismus
Magie
Erotische Träume
Wildes Verlangen

Nach ihm

1.6. Nina

Ich habe viel über Menschen nachgedacht. Die Triebfeder eines jeden ist der Egoismus. Nur so überlebt er.
Der Mensch sucht sich die Verhältnisse einzurichten, die er braucht. Menschen brauchen die Verhältnisse, für die sie erzogen sind, geprägt von Familie, Kultur und Umwelt. Sie brauchen solche, die ihr Ego stärken. Der Zufall greift nur bei Notwendigkeit.
Und der Sinn meines Lebens?
Kann der Sinn meines Lebens Erkenntnis sein? Wenn dies so wäre, fühlte ich mich erfüllt. Doch nur mein Geist ist erfüllt, erfüllt und ständig beschäftigt.
Ich bin allein.
Mein Herz, meine Seele, mein Körper, wir fühlen uns einsam. Liegt hier ein Sinn? Wonach soll ich suchen? Nach Menschen?
Ich habe viele Freunde.
Nach Dingen?
Ich habe viel Arbeit.
Nach dem einen Menschen?
Für mich?
Allein?

1.7. Max und Nina

Zunächst schien es möglich
Gemeinsam durch die Räume zu wandeln
Und zu plaudern
Wir hatten Zeit
Selten viel Zeit

Doch dann
Brachten die scheinbar heilsamen Augenblicke
Der Ruhe
Die länger wurden
Wenn wir uns in die Augen schauten
Verlangen

Während wir
Zu erzittern begannen
Gingen wir weiter
In ernstem Gespräch
Das langsam versiegte

Das Rauschen des Blutes
Wurde zum Dröhnen
Wir zitterten unsere Körper wund
Jeweils allein
Bis er unerträglich schmerzte

Hitze
Perlender Schweiß
Gemeinsamkeit fordernd

Berührung
Unserer Körper
Unsere Kräfte
Langsam zusammenführend
Zusammenziehend
Verstrickend
Glück
Besinnungslos
Verknäulend
Herzeleid

2.1. Max

Es war nicht aufzuhalten
Es gibt nichts zu bereuen
Eine Flamme, die
Einmal entfesselt
Alles niederbrennt

Wie jetzt damit leben!?

Zwei mir anvertraute Wesen
Die ich nicht verlieren möchte
Keinesfalls verletzen
Glücklich machen sollte

Ich
Mann

Keine Vorwürfe
Kein Vorsatz
Kein Plan
Keine Schuld?

2.2. Nina

Mich quält
Das Verlangen nach ihm

Keine Reue
Es gab kein Zurück

Doch Schuld
Sonja
Gute Freundin
Und Ruben
Gemeinsames Kind

Ich werde Euch
In die Augen schauen
Wie weh wird das tun?

Sonja
Hunger
Nach deinem Mann
Verzeih' mir!

Unerfüllte Befriedigung
Angst und Zweifel
Mehr denn je
Einsamkeit

2.3. Sonja

Ich sehne mich so sehr nach Max
Doch er sucht mich nicht mehr

Ich strecke meine Hand nach ihm aus
Doch meine Hand bleibt leer

Kühle
Starre
Zwischen uns

In mir wächst lähmende Angst

Lässt mich alles von ferne sehen
Lässt mich beobachten
Kommen und Gehen

In mir kriecht Erinnerung hoch
An mein wildes Verlangen
Das mich einst ständig zu ihm trieb

Etwas ist geschehen

Jetzt kann ich es wieder spüren
Wie das war
Als er einst eine andere liebte
Kurz nur
Und erkenne

Dass damals
Meine Begierde
Nach ihm
versiegte

2.4. Max

Ich möchte gerne zwei Frauen lieben
Versagen meine Kräfte?

Zu der einen
Zieht es mich stärker hin
Übermächtig neu
Zu der bisher Einmaligen

Verloren
Das Verlangen
Nach Sonja
Meiner Einzigen
Meiner Frau

Geblieben
Nur die Erinnerung
An die süße
Zärtlichkeit

Ich möchte
Zwei Frauen
Glücklich machen
Und werde vielleicht versagen?

2.5. Nina

Meine Freundin
Als Künstlerin
Als Frau
Hast du auf mich gebaut

Du warst fair zu mir
Und immer korrekt
Als Schwester
Hast du mir vertraut

Deine Augen
Sprachen niemals von Neid
Auch Eifersucht
Spürte ich nicht

Ich brauche dich doch!
Du bist mir so wert!
Lass mich dir alles geben!

Oder habe ich dies
Jetzt für immer zerstört?
Wie soll ich ohne dich leben?

2.6. Sonja

Ich lese alles in seinen Augen
Und könnte doppelt lesen
Wenn sie vor mir stünde

Und möchte doch nicht wissen
Was da geschrieben steht

Oh könnte ich doch vergessen
Was ich täglich versuche
Und nicht vermag

Dieses Misstrauen
Hässlich
Bei all seinen Taten
Blicken, Bewegungen
Was ist gewesen?
Was wird sein?
Wo will er hin?
Wo kommt er her?
Wen ruft er an?
An wen denkt er?
Bitter
Galle
Eitrige, schwärende Wunde

Und die Angst
Manchmal so übermächtig
Dass ich den Tod ersehne

Sofort

Die Furcht
Sucht sich ihre Plätze

Da ist der Magen
Greift sie hin
Dann möchte ich
Mit meinem Kopf
Die Wand einrennen

Die Lungen
Erfassend
Vermeine ich
Vor Schwäche
sofort niederzusinken

Den Bauch
Durchdringend
Verliere ich alles
Was in mir ist

Die Angst
So mächtig
Dass sie mich völlig lähmt

Wie ein kleines Hündchen
Würde ich
Am liebsten
Alle seine Wege begleiten

Das genügte mir schon

2.7. Max und Sonja

Max: »Geliebte!
Du mein Leben!
Ich wollte dich nicht verletzen!«

Sonja: »War es schön mit ihr?
Schöner als mit mir?
Sag!«

Max: »Anders«

Sonja: »Oh Max!
Ich werde rasend
Wenn ich daran denke
Hilf' mir.«

Max: »Wie soll ich dir helfen?«

Sonja: »Verletze mich nicht
Durch Worte!«

Max: »Ich werde dir
Gar nichts sagen.«

Sonja: »Erstmals
Geheimnisse.
Wie soll ich damit leben?«

Max: »Du musst mir vertrauen.«

Sonja: »Was will sie von dir?
Was willst du von ihr?
Vertrauen!?«

Max: »Habe bitte Geduld mit mir.«

Sonja: »Wie soll es weitergehen!?«

Max: »Zeit heilt alle Wunden
Vielleicht
Leben ist Abhängigkeit.«

3. Max

Verletzung der Liebe durch Liebe
Niemand ist dagegen gefeit
Verletzung der Liebe durch Liebe
Bringt den Beteiligten Unsicherheit

Eigentlich ist die Menge an Liebe
Die ein einzelner Mensch produziert
Vergleichbar dem Erhaltungstriebe
Nur im Augenblick limitiert
Grenzen sind fließend, unendlich dehnbar
Durch die Lösung in der Zeit
Dann können Größe, Menge, Raum
Wachsen bis zur Unendlichkeit

Niemand ist mehr ausgeschlossen
Durch die dritte Dimension
Das Gestern ist heute, das Heute morgen
Das Morgen längst Vergangenheit schon

Alle sind Teil von gestern und morgen
Auch wenn sie heute ganz allein
Suche und Halt im Eigennutz
Müssen nicht mehr nötig sein

Wohnung, Arbeit, Familie, Zukunft
Menschen suchen dann Sicherheit

Nicht mehr in vergänglicher Habe
Sondern in der Menschlichkeit

Wie kann ich mit dem Wissen leben
Dass das Gestern mich morgen quält?
Vielleicht das Gestern zum Heute erheben
So lange, bis es mir gefällt?

Jedenfalls nicht das Gestern begraben
Wenn es noch nicht gestorben ist
Müsste es sonst beständig neu töten
Bis von mir nichts mehr übrig ist

Kann meinem Leben nicht entfliehen
Keiner meiner vielen Taten
Kann nur einen Schlussstrich ziehen
Wenn ich
Vergebung oder Verzeihung
gefunden habe

4.1. Max und Ruben

Max: »Du Sonne meines Herzens
Wie zart und klein
Du Wunschkind meines Lebens
Dein Herz ist rein
Du gibst mir so viel Freude
Nur weil es dich gibt
Und weil ich für dich sorgen darf
Solange mein Herz liebt

Kann gar nicht anders denken
Als leben mit dir
Dir meine Kräfte schenken
Für und für
Und davon nur das Beste
Was ich vermag
Ein Leben voller Feste
Und Trauer keinen Tag

Da ist mein hehrer Anspruch
Und hier die Wirklichkeit
Ich nehme mir nicht Zeit genug
Und das tut mir sehr leid
Die Außenwelt bestimmt doch
Noch immer dominant
Und du bist es, dem mangelt
Des Vaters beständige Hand.«

Ruben: »Vater, ich brauche nicht mehr!
Du gibst mir genügend, Papa!
Von größter Wichtigkeit ist es nur
Zu wissen
Du bist da

Zu wissen
Du bemühst dich
Mich immer zu verstehen
Du setzt dir keine Grenzen
Du willst mich immer sehen

Wenn ich nur deine Stimme höre
Blühen Blumen in mir
Und wenn du mir deine Hand reichst
Bin ich vollkommen

Vater, lass mich nie allein
Dann bin ich unendlich stark
Vater, lass dein Sohn mich sein
Immer

Weiche nicht der Eifersucht
Anderer Männer
Gib deinen Platz nicht her
Anderen Männern
Mach' keinen Unterschied
Weil ich Mann bin
Ich brauche alles von dir
Obwohl ich Mann bin
Glaube mir

Vater
Übe nicht Verrat
Niemand sonst soll mein Vater sein.
Du bist es.
Schwöre drauf.«

4.2. Nina und Sonja

Sonja: »Dir gegenüber
Fühle ich mich
Wie ein geprügelter Hund
Ohne dass du mich schon
Geprügelt hast

Du hast mich
In mein Herz getroffen
Die Wunde wird
Sehr langsam heilen.«

Nina: »Ich wollte es nicht.«

Sonja: »Doch du hast es nicht verhindert.«

Nina: »Ich war zu schwach.«

Sonja: »Umso stärker musst du jetzt sein.«

Nina: »Ich bin es nicht.«

Sonja: »Du verletzt mich tödlich
Und lässt mich allein?«

Nina: »Spiele nicht mit Worten
Du kannst nur einmal sterben!«

Sonja: »Ich bin gestorben
Für eine lange Zeit
Mein Herz schlägt noch
Doch mir fehlt die Fröhlichkeit

Bin so tief getroffen
Dass alles nur eine Last
Kann immer nur hoffen
Zu überleben.«

Nina: »Was kann ich tun?«

Sonja: »Halt dich von ihm fern.«

Nina: »Das ist alles?«

Sonja: »Wie ich mich fühle
Euch den Kontakt zu verbieten
Einfach abscheulich
Ein menschliches Monster

Predigte lautere Menschlichkeit
Und versage vollkommen
Im Angesicht Eurer
Verliebtheit.«

Nina: »Ich kann dich verstehen.«

Sonja: »Das Bild von Euch beiden
Wirft mich zu Boden.«

Nina: »Ich kann es sehen.«

Sonja: »Wenn er bei dir ist
Möchte ich mich aus dem Fenster stürzen.«

Nina: »Ich werde gehen.«

Sonja: »Auf Wiedersehen.«

4.3. Max und Nina

Max: »Geliebte.«

Nina: »Danke für dein Kommen.«

Max: »Geliebte
Ich werde bald wieder gehen.«

Nina: »Oh Max
Willst du dich nicht noch setzen?«

Max: »Geliebte
Ich bleib lieber stehen.«

Nina: »Oh Max
Willst du mich schon verlassen?«

Max: »Geliebte
Ich kann dich lange nicht sehen.«

Nina: »Oh Max
Können wir nicht Freunde bleiben?«

Max: »Wir sind Freunde,
Nina.«

Nina: »Ein Freund
Verlässt mich nicht.«

Max: »Ich kann nicht erklären
Nina.«

Nina: »Lass mich es deuten.«

Max: »Kannst du mich verstehen
So schweig.

Nina: »Ich kann nicht
Schweigen tötet mich.«

Max: »Adieu.«

5.1. Nina

Wenn die Sonne scheint
Und der Schnee langsam schmilzt
Und das Wasser zu rauschen beginnt
Wird es Frühlingszeit
Und das Schneeglöckchen treibt
Und die Vögel bringt der Wind

Und die Hoffnung keimt
Auf ein neues Glück
In Wärme und Überfluss
Auch wenn es dann wieder
Und wieder schneit
Irgendwann kommt der Frühling

Er muss!

Und rufst du mich
So werde ich kommen
Wie Regen vom Himmel fällt

Ich freue mich
Dich nur anzusehen
Du Morgenstern meiner Welt

5.2. Sonja

Die Vorbereitung war viel zu kurz
Um mich darauf einzuschwingen
Ich habe darüber nie nachgedacht
Wir sprachen von anderen Dingen

Auch wenn sie mir eine Schwester ist
Eine Fremde wirst du mir bringen
Diese Liebe zu dritt beängstigt mich
Hier kann sie mir nicht gelingen

Ich möchte sie nicht erniedrigen
Als deine Ehefrau
Das ist von Anfang an nicht fair
Und sie weiß das genau

Und selbst wenn sie es gerne wollte
So müsste dieses Glück ich trüben
Ich könnte sie nicht glücklich machen
Ich kann sie so nicht lieben

So etwas muss die Zeit ergeben
Das kann ein Kopf nicht bestimmen
Ich möchte nicht Krampf noch Krankheit erleben
Unser Leben soll glücklich gelingen

5.3. Max

Reife, Fall, Vergänglichkeit
Früchte, Ernte
Erde, Samen
Spüre Leben, spüre Tod
Leise Zweifel
Stoppeln, Herbst

Kinderlachen glücklich machend
Mann und Frau
Im Liebespiel
Schmecke ich das Salz der Erde
Kann ich weinen
Voller Hoffnung

Strebe immer nach Erkenntnis
Suche Wahrheit
Suche Leben
Rieche gerne volle Düfte
Liebe Wein
Und seine Reben

Licht und Dunkel, Horizonte
Nässe, Sonne
Regenbogen
Sehend den Humor gebären
Dabei Menschen
Fröhlich stimmend

Herbststurm macht die Bäume zittern
Rot und gelb
Das Laub geworden
Hörend wie die Vögel schweigen
Kann ich trauern
Und dann lachen

FINALE - ALLE

Sonia	**Max**	**Nina**
Ehe, das ist ein geordnetes Verhältnis Geregelt durch Moral Und durch den Staat	Ich habe nur geheiratet, weil du es wolltest Habe es nicht gebraucht Doch auch nicht vermieden	Ehebruch habe ich begangen Ich fühle mich schlecht Verbrecherisch
Für manche ist es einfach Sich in Ordnung zu begeben Millionenfach gelebtes Leben Nachzuleben als eigenes Leben	Ich war einverstanden Mich in Ordnung zu begeben Doch sie ist mir nicht wichtig Du warst mein Leben	Ich gab das Einverständnis Seine Frau zu vergessen Sie war mir weniger wichtig Er bedeutete mehr
Das war es nicht für mich	Du warst alles für mich	Ich vertraute ihm
Obwohl es leichter ist	Obwohl es vielleicht nicht ersichtlich war Für dich	Obwohl ich ihn nicht gut kannte
Den Normen zu entsprechen Weil viele zu verstehen glauben Erklärungen nicht nötig sind	Weil ich nicht sehr gesprächig bin In dieser Hinsicht	Ich verlangte nach ihm Weil ich bedürftig war

Und
er auch |

Sonia	**Max**	**Nina**
Verheiratet	Ehebruch	Sünde
Ich habe von der Ehe oft geträumt	Ich träumte von Sex	Ich träumte schon manchmal von einer Hochzeit in weiß
Bevor ich dich traf	Schon bevor ich dich traf	Bevor ich ihn traf
Von der Liebe	Von runden	Von der großen
Der Zärtlichkeit	Brüsten	Liebe
Der Tiefe	Spielen der Lust	Der Zärtlichkeit
Wenn man sich ganz kennt	Erregenden Stunden	Der ewigen Treue
Gewonnen durch die Jahre	Aufmerksamkeit	Dem Mann für das Leben
der Reife	Erotik	Zufriedenheit
Ohne zu wissen	Ohne zu wissen	Ohne zu wissen
Ob es sie geben kann	Ob es sie geben wird	Ob es sie geben kann
Für mich	Für mich	Für mich
Ob ich nicht viel zu viel vom Leben will	Ob ich nicht viel zu treu bin	Ob ich nicht viel zu emanzipiert bin
Als dass ich mich so binden kann	Als dass ich mich so entäußern kann	Als dass ein Mann bei mir bleiben könnte
Ob ich die Hitze meines Körpers	Ob nicht meine Scheu	Ob nicht mein Intellekt
Beherrschen kann	Alles verhindert	Alles verhindert

Sonia	**Max**	**Nina**
Du warst es	Du	Da kamst du
Wecktest den Wunsch in mir	Nahmst mir die Hemmungen	Und hast mich betört
Die ewige Treue zu versuchen	Es zu versuchen	Bezaubert
Ich habe mit der Ehe dir mein Wort gegeben	Ich habe dir mit der Ehe mein Wort gegeben	Obwohl du einer anderen das Wort gegeben
Und will es halten	Und mich doch nicht versprochen	Wurde ich schwach
Trotz der Versuchungen Hin und wieder	Das Leben ist immer konkret	Wir hatten schöne Stunden Und wollten es so
Ich bereue es nicht	Ich wollte es so Ich kann es nicht bereuen	Jetzt bereue ich
Du hast mich in deinen Bann gezogen	Erwarte keine Entschuldigung	Und suche Entschuldigung

Alle

Du hast mich verletzt
Denn du hast dein Wort gebrochen
Ich vertraute dir
Was kann ich jetzt noch glauben?

Wann meinst du es so, wie ich dich verstehe,
wann anders?
Wann tust du etwas aus Überzeugung
Wann aus Not
Wann, um mir zu gefallen?
Und wenn du es einmal tust –
wann wiederholt es sich?
Wann kann ich mich auf dich verlassen,
wann bin ich verlassen?

Oder bin ich sowieso verlassen?

Ich flüchtete
Suchte Trost
Und Schutz
Und bin doch letztlich allein
Mit mir
Und mit dir

Sind alle allein?

Die Freiheit
erkauft mit Einsamkeit
Das Recht auf Leben
bezahlt mit der Freiheit, sich das Leben zu nehmen
Die Chance auf Glück
gewonnen durch Verantwortung
So wird zur Entscheidung
jeder Gedanke, jedes Wort
Selbst die unterlassene Handlung

Rechts oder Links
Plus oder Minus
Gut oder Böse
Vereinigung oder Trennung
Stärker, Schwächer
Freier, Unfreier
Ärmer, Reicher
Jeden Moment
Entscheide ich über mich selbst

Natürlich sehnen sich viele
Nach dem Entzug dieser Last
»Er hat mich dazu gedrängt
Sie hat mich so weit gebracht
Mein Führer
Meine Göttin«

Und verkürzen so ihr Leben

Das ist es doch, was uns gehört
Unser Leben

Auch wenn wir es
verkaufen, verleihen, verschenken mögen
Gehören uns doch
Körper, Geist und Seele
Zärtlichkeit, Freiheit, Liebe

Das Recht auf Privateigentum
Unaufhaltsam setzt es sich durch
Und die es aufhalten wollen
Glauben
die Macht über andere nicht missen zu können
Werden es lernen
oder verlieren

Privateigentum
geliehen auf Zeit
vergänglich

Unbedeutend
angesichts des Verlusts
des Lebens
der Liebe

Angesichts des Todes
des Endes
ist nichts mehr wichtig
außerhalb des Moments
Die Sekunde Leben
schreit nach Unendlichkeit
Die Zeit steht still

Wären wir doch immer so weise
Was bedeutet Besitz, wenn man liebt?

Wenn alles vergänglich ist
Was bedeutet Eigentum?
Geliehen auf Zeit
Und ich bin frei zu entscheiden

Für oder gegen
Die Freiheit, die Liebe, die Zärtlichkeit
Das Leben, den Tod

Nichts ist mehr undenkbar

Und ich
kann einfach versuchen
glücklich zu sein

So erkenne ich mindestens
Wer mich liebt
Oder lieben kann

Und wenn sich da niemand findet
Gibt es dann vielleicht
Eine Aufgabe für mich?

*Ohne meinen Mann gäbe es diese Sinfonie nicht.
Inspiriert durch meine eigene Lebensgeschichte
beobachtete ich auch die anderen unter ganz
bestimmten Gesichtspunkten. Dies ergibt Vielfalt,
die ich hier zu repräsentieren suche.*

*Ich danke meinen Freundinnen und Freunden in der
ganzen Welt, aber auch etlichen mir nicht so
Nahestehenden, die mir Einblick in ihr Leben
gewährten.*

*Ich danke meinem Mann Klaus Dieter Böhm für über
dreißig Jahre gemeinsamen Lebens.*

*Ich danke meinem Verleger Sewastos Sampsounis,
dass er mich so vorbehaltlos annahm,*

*meiner Lektorin Edit Engelmann
für ihre mitfühlende und kluge Betreuung
und meinen Lesern
für ihre Offenheit und ihren Humor,
ohne die sich diese Lektüre nicht lohnt.*

Marion Schneider

BIOGRAPHISCHES

MARION SCHNEIDER

Marion Schneider
geboren 1956, studierte Geschichte, Deutsche Sprache und Literatur sowie Volkskunde an der Philips Universität Marburg und der Albert Ludwig Universität Freiburg im Breisgau.
Zusammen mit ihrem Ehemann Klaus-Dieter Böhm ist sie Inhaberin und Betreiberin verschiedener Einrichtungen, die unter dem Namen Toskanaworld zusammengefasst sind. Ihr Ziel ist es, dass Prävention und Rehabilitation im Bereich von Medizin wie Politik eine tragende Rolle erhalten, da dies sozial wie volkswirtschaftlich sinnvoll und notwendig ist. Sie tut dies durch ihre Arbeit als Unternehmerin sowie durch Publikationen, Vorträge und Beiträge auf Kongressen und Veranstaltungen.

2007 wurde ihr die Auszeichnung »Unternehmerin des Jahres« im Kreis Weimarer Land verliehen und 2009 wurde sie in den Landeswirtschaftssenat Hessen-Thüringen des Bundesverbands der Mittelständischen Wirtschaft berufen.
Sie ist Vorsitzende des Kinderhilfswerks Ourschild und wirkt in verschiedenen internationalen Beiräten der Wellness- und Gesundheitsbranche.
Zusammen mit der New Yorker Fotografin Linda Troeller hat sie die Fotobücher »The Erotic Lives of Women«, Basel, New York 1999 herausgegeben.

Aus dem Verlagsprogramm:

Gertrude Kapellen
Blickwirkungen
Heilende Trancegeschichten

In der Hypnotherapie werden Geschichten erzählt, während der Patient in einen Zustand der Trance gleitet. Trance ist ein natürlicher vertiefter innerer Zustand, in dem die bewusste Aufmerksamkeit nahezu völlig von den äußeren Dingen abgezogen und intensiv zu den inneren, unbewussten Abläufen gelenkt wird. Die Geschichte entwickelt sich in diesem entspannten und vertieften Bewusstseinszustand zu einem lebendigen Erleben, ganz der eigenen Persönlichkeit und ihren ureigenen Bedürfnissen folgend.

Diese 12 Geschichten erzählen von den Urformen unserer Seele, von dem inneren unzerstörbaren Vermögen, mit dem wir alle ausgestattet sind. Sie erzählen von unseren archetypischen Seelenkräften, die in Gestalt von Königen, von Helden, von Heilern, von Weisen, von Feen daherkommen. Und sie erzählen uns, wie wir siegen können über die finsteren Mächte, die bösen Stiefmütter, Zauberer, Hexen, über die Teufel und all die, die unsere Seele bedrohen wollen.

ISBN: 978-3-942223-16-4
eISBN: 978-3-942223-53-9

Lena Divani
Das siebte Leben des Sachos Sachoulis
Memoiren eines Katers
aus dem Griechischen von
Brigitte Münch

Kein gestiefelter, sondern ein gebildeter Kater erzählt uns, wie er die Welt sieht und was er über die Menschen und andere Tiere denkt – dies aus der Sicht seines siebten und letzten Lebens, in dem er die Vollendung seiner Weisheit erlangt hat. Dazu zeigt sich noch eine andere Seite des Katers Sachos Sachoulis: Er kämpft hart um die Liebe seiner »Adoptivmutter«, die er respektvoll-ironisch »Demoiselle« nennt, und noch härter um ihre Bereitschaft, als Schriftstellerin seine Memoiren zu schreiben. Wie wir sehen, ist es ihm schließlich gelungen: Hier sind die Lebenserinnerungen eines außergewöhnlichen Katers.

» Lena Divani reizt zum Lächeln, Lachen und Weinen in einem von der Finanzkrise gebeutelten Griechenland.«
Silvana Mazzocchi, LA REPUBLICA

ISBN: 978-3-95771-027-7
eISBN: 978-3-95771-028-4

Edit Engelmann
Scherben vor Gericht
Albtraum eines Premierministers
Novelle

Eine seltsame Einladung an dem Premierminister: »Nationalfeiertag, Parlament, großer Plenarsaal, 14:30 Uhr. Geheime Sitzung. Ihr Erscheinen wird hiermit angeordnet. - Der Vorsitzende.« Am Tag darauf findet sich dieser unerwartet vor Gericht: Aus allen Epochen sind Ankläger erschienen, einige in antike Tuniken gehüllt, andere tragen Stock und Gehrock und wieder andere sind in Uniformen gekleidet. Was zuerst wie eine Karnevalsveranstaltung aussieht entpuppt sich als ein längst fälliger Prozess, den sich auch Berühmtheiten wie Zenon, Perikles, Brecht, Keynes, Macchiavelli, und sogar Kaiser Augustus nicht entgehen lassen. Der Premierminister und seine Regierungsmitglieder sitzen auf der Anklagebank. Ihnen wird der Spiegel ihrer Taten vorgehalten: Das gesamtes Land liegt in Scherben! Wie konnte das passieren?

Edit Engelmann, die seit Jahren in Athen lebt und von der europäischen Politik inspiriert worden ist, erzählt in dieser Volkssatire den Traum eines jeden Bürgers Traum: Politiker die durch Gier und Unverstand regieren zu bestrafen. Ihre Novelle ist ein kritischer Erinnerungsakt an die menschlichen Errungenschaften wie Demokratie, Solidarität, Souveränität, Nationalbewusstsein, soziale Integrität und Menschenrechte – Worte, die in jeder Schule gelehrt werden; Werte, die weltweit propagiert werden, und eine Praxis, der es immer wieder in ihrer Ausübung mangelt.

ISBN: 978-3-942223-70-6
eISBN: 978-3-942223-71-3

Helga Brehr
Ödipa
Novelle

Stammkneipe ›Florian‹, Berlin-Charlottenburg. Hier treffen sich jeden Donnerstagabend beim Wein die zwei alternden Freunde Hartmut und Klaus: Rentner, Witwer, vereinsamte Männer, mit unterschiedlichen Weltanschauungen und Diskussionen, die auch schon mal in Streit ausarten. Klaus drängt zum ersten Mal darauf, eine eigene Geschichte vorzutragen, angelehnt an seinen Lieblingstragiker Sophokles. Jede Woche wird nun – häppchenweise und gespickt mit Zitaten – die Geschichte der Frau Idipa – oder Ödipa, wie Klaus sie am liebsten nennen würde – erzählt: Als Idipa Lars kennenlernt, scheint sie die Liebe ihres Lebens gefunden zu haben, nach der sie sich so lange gesehnt hat. Dass die Idylle nur trügerisch ist, stellt sich erst heraus, als sie sich Jahre später auf die Suche nach ihrer eigenen Vergangenheit macht. Ein gewaltsamer Tod, das Fehlverhalten anderen gegenüber und die Leugnung der eigenen Taten, führen die Frau von einem ins anderen Unheil. Schuld und Schicksal holen sie ein und die Wahrheit ist grauenvoll.
Helga Brehr behandelt in ihrer Novelle das Schuldgefühl zweier Menschen, die auf Vergebung hoffen.

ISBN: 978-3-942223-88-1
eISBN: 978-3-942223-89-8

Dietlind Köhncke
Die Wörtersammlerin
Erzählung

Lilibeth und ihre Familie müssen wegen das Bombardements der alliierten das vertraute Berlin verlassen. Sie wird in Ostpreußen eingeschult und ist begeistert von den Wörtern, die sie lernt. Sie beobachtet, wie die Erwachsene reden, lauscht ihren Sätzen und lernt schnell: ›Krieg‹ hat fünf Buchstaben, Frau Ohlmann ist ›arisch‹, nicht nur, weil sie wie eine Königin läuft und der ›Güterzug nach Berlin‹ muss schneller eintreffen als die ›Russen‹. In ihre Sammlung fügt sie jeden Tag neue Wörter und manchmal sogar ganze Sätze ein, wie ›Raus aus dem Haus, rum um die Ecke, rein in den Bunker‹. Und dann soll sie zu ihrem eigenen Vater, der nach langer Zeit nach Hause kommt, ›Onkel Hans‹ sagen, damit die Leute ihn nicht andauernd anzeigen – man nannte ihn ›Nazi‹, als er abgeholt wurde. Lilibeths Kinderwelt besteht aber auch aus Wörtern, die sie nicht in ihre Sammlung aufnimmt, wie ›Sowjetische Besatzungszone‹, weil das für sie klingt, als würde jemand einen von ganz nahe ansehen, die Stirn runzeln und zischen.

Durch die Kinderbilder wird der familiäre Alltag kartographiert, in dem Frauen die Hauptrolle spielen, ein Stück deutsch-deutsche Geschichte, das schwierige Zeiten durchlebt – unter den Nazis wie unter den Kommunisten.

ISBN: 978-3-942223-86-7
eISBN: 978-3-942223-87-4

Angela Schmidt-Bernhardt
Oktoberzug nach Riga
Geschichte einer Ermordung
Novelle

Marie hat eine weitverzweigte Familie und manche davon sind verschollen, wie sie im Rahmen einer Semesterarbeit über Stolpersteine für im Holocaust umgekommene Menschen feststellen muss. Wer waren Charlotte und Werner Heimann, und was ist mit ihnen geschehen? Gleichzeitig begibt sich in Amerika der Journalist John auf die Suche nach Überlebenden und deren Nachkommen, denn sein verstorbener Großvater hat durch seine Bürgschaft Menschen vor den Vernichtungslagern bewahren können. Eine Spurensuche beginnt: von der Stolpersteine auf der Bamberger Straße Nummer 48 in Berlin bis zu einen Oktoberzug, der 1942 nach Riga abging. Mit jeder neu entdeckten Spur vervollständigt sich die Geschichte einer Ermordung. Die Vergangenheit beginnt zu leben.

Angela Schmidt-Bernhardt beschreibt das unruhige Gemüt der jungen Generationen, die die Geschichte ihrer Herkunft und Identität anhand eines bisher schamhaft verschwiegenen Kapitels der eigenen Familie zu hinterfragen beginnt. Es geht ihr dabei um die grundlegenden, universalen Fragen: Wer bin ich wirklich, wenn ich kaum weiß, wer meine Vorfahren sind und woher ich komme?

ISBN: 978-3-942223-68-3
eISBN: 978-3-942223-69-0

Brigitte Münch
Doch welcher Fluss fließt rückwärts
Kartografie der Liebe
Erzählungen

Zwei Körper, zwei Seelen, die zusammengehören, Gefühle gleicher Intensität - Paare aller Spielarten: Mann und Frau, gleichgeschlechtliche, verheiratete, verliebte, verwitwete, vereinsamte – vergangene Lieben, lebendige, gescheiterte, zukünftige oder auch nur erträumte. Wir alle suchen die große Liebe, den »richtigen« Partner. Doch wenn man sie findet, die Liebe, ist es keine Garantie fürs Leben; Gefühle sind unstet, manchmal trügerisch, bedroht von Enttäuschungen. Und hinter allem lauert stets der Tod.

Nur selten gibt es das große Happy End wie im Märchen. Doch die Hoffnung lässt uns immer wieder nach Wegen suchen, um die Liebe festzuhalten. Wenn sie scheitert, kann es das Ende der Welt bedeuten. Oder die Chance auf einen Neuanfang? Dazwischen gibt es viele andere Möglichkeiten. Nur zurück führt kein Weg ...

ISBN: 978-3-95771-041-3
eISBN: 978-3-95771-042-0

Todora Radeva
Sieben Arten den Sari zu binden
Erzählungen

»Der Sari ist jene dünne, wunderbare Trennwand, die eine Frau vor dem Mann aufbaut und nur aus freiem Willen entfernen kann.«

In der bulgarischen Stadt Plovdiv sind die Frauen geheimnisvoll, pflegen Illusionen, malen Fantasien, kämpfen mit Herz und Verstand für das Halten oder Löschen einer Beziehung und zeigen ihren Einfallsreichtum bei der angenehmen Gestaltung des Alltags: Telefontratsch, Ausflüge, Beobachtungen auf dem Balkon, unaufgeräumte Kleiderschränke.

19 Geschichten aus einem ehemals sozialistischen Ort, der von magischer Atmosphäre umhüllt ist und seine Bewohner im Sog des subtropischen Klimas hält.

19 Erzählungen über Frauen, die Gewinnerinnen und gleichzeitig Verliererinnen der politischen Veränderungen geworden sind.

ISBN: 978-3-95771-029-1
eISBN: 978-3-95771-030-7

Olga Zimmermann
Verschwundene Adjektive
Novelle

Adjektive – von allen schönen Worten, die das berufliche Leben eines Literaturkritikers durchdringen, sind dies seine Favoriten. Ununterbrochen schwirren sie ihm durch den Kopf, prägen seine Wahrnehmung der Welt und beherrschen seine Rezensionen. Als er der Frau seines Lebens – einer Traumtänzerin – begegnet, überschüttet er diese mit all den schwelgerisch-enthusiastischen Adjektiven, die sein gesammeltes Repertoire hergibt. Die beiden werden ein Paar. Die Zeit vergeht. Der Alltag und mit ihm all die schönen Adjektive nutzen ab und verblassen allmählich. Bis eines Tages ein eigenwilliger Reiseromancier – ein Suchender – in das Leben der beiden tritt. Der Fremde entpuppt sich als leidenschaftlicher Liebhaber von Verben. Eine Tragödie nimmt ihren Lauf.

Olga Zimmermann erzählt in ihrer Debütnovelle vom Kampf zwischen Adjektiven und Verben und deren Bedeutung in der deutschen Sprache. Eine metaphorisch-literarische Studie über Gefühle und Tätigkeiten, über Herz- und Verstandesangelegenheiten; darüber hinaus ein Plädoyer für die soziale Akzeptanz unkonventioneller Lebensstile.

ISBN: 978-3-95771-033-8
eISBN: 978-3-95771-034-5

Safiye Can
Rose und Nachtigall
Liebesgedichte

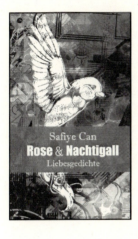

Safiye Can nimmt es sehr genau mit dem persönlichen Ton. Angefangen von der richtigen Tonalität über die Tonlage oder -farbe des stimmlichen Ausdrucks bis hin zum jeweils einzig passenden Tonfall jeder kleinsten rhythmischen Einheit des poetischen Textes hat sie stets alles präzise im Ohr und wacht darüber als ihr kostbares Eigentum. Es ist ihre Musik. Ihre Liebesgedichte sind eine Art Programmmusik, da tauchen immer wieder Motivverbindungen auf, die Leser oder Hörer in gewisse Stimmungen versetzen, Erinnerungen wachrufen, um Safiye wieder zu erkennen. Und zwar auch dann, wenn die vielfältigen Sinnvorstellungen, die dem ›Rose-und-Nachtigall‹-Motiv in der tausendjährigen arabischen und türkischen Tradition zugeordnet wurden, fremd sind. Safiye Can ist Tscherkessin, zu einem türkisch-kulturellen Hintergrund kam sie durch den Umstand, dass ihre Vorfahren vor hundertfünfzig Jahren aus dem Kaukasus in die Türkei zwangsumgesiedelt wurden sind. Türkisch und Deutsch sind ihre Muttersprachen, da sie in Offenbach am Main geboren wurde und aufwuchs. Und in Deutsch entfaltet sie sich nun künstlerisch, bringt jene poetische Programmmusik zum Erklingen, deren exklusiver Sound seinen Ursprung auch im Zwischenkulturellen hat.

ISBN: 978-3-942223-64-5
eISBN: 978-3-942223-65-2

www.groessenwahn-verlag.de